Oswald J. Smith

KRAFT VON OBEN

HEROLD-BUCH

Titel der Originalausgabe: The Enduement of Power
Aus dem Englischen übersetzt von Regina Celebcigil
Deutsche Ausgabe mit freundlicher Genehmigung des Autors

1. Auflage 1987

Herold-Bücher im Verlag Schulte+Gerth, Postfach 11 48, 6334 Aßlar
Umschlag: Egon Schwartz
Gesamtherstellung: Schönbach-Druck GmbH, 6106 Erzhausen

ISBN 3-88936-056-4

Inhalt

Kapitel 1

Die Verheißung des Geistes

Pfingsten nahm die Geschichte der Kirche, der Gemeinde Jesu Christi, ihren Anfang. Zum ersten Mal kam der Heilige Geist, die dritte Person des dreieinigen Gottes, herab, um ständig in seiner Gemeinde gegenwärtig zu sein. Immer wieder hatte Jesus gegen Ende seines Erdenlebens auf den kommenden Tröster hingewiesen. Es sei gut, daß er zu seinem himmlischen Vater zurückkehre, hatte er erklärt, damit der Parakletos, der Fürsprecher, kommen könnte. Pfingsten, als der Geist Gottes auf die wartende Gemeinde ausgegossen wurde, erfüllte sich diese Verheißung Jesu. Zwar war er leiblich nicht mehr unter ihnen, hatte sie aber nicht als Waisen zurückgelassen. In allen Nöten und Gefahren ihres irdischen Pilgerstandes würde der Geist Gottes, der Fürsprecher, bei ihnen sein und sie bis zu seiner Wiederkunft trösten und erhalten.

Bevor ich auf die Bedeutung der Salbung und der Fülle des Heiligen Geistes für den einzelnen Gläubigen eingehe, möchte ich in die Zeit vor seiner Ausgießung zurückgehen und einen kurzen Überblick geben über die Verheißung und deren Erfüllung. Das Kommen des Geistes war schon von Johannes dem Täufer vorausgesagt worden; Jesus gab die Bestätigung, und die Erfüllung zeigte sich in der persönlichen Erfahrung seiner Jünger.

In Matthäus 3,11 finden wir die Verheißung des Johannes: „Ich taufe euch mit Wasser zur Buße, der aber nach mir kommt, ist stärker als ich, dessen Sandalen zu tragen ich nicht würdig bin; Er wird euch mit Heiligem Geist und Feuer taufen."

Die ausdrückliche Bestätigung dieser Verheißung — abgesehen von den wiederholten Anlässen, bei denen Jesus während seiner Abschiedsreden über den Heiligen Geist sprach — finden wir in Johannes 7,37-39 und Apostelgeschichte 1,4-5. Hier heißt es: „An dem letzten, dem großen Tag des Festes aber stand Jesus und rief und sprach: Wenn jemand dürstet, so komme er zu mir und trinke. Wer an mich glaubt, aus dessen Leibe werden, wie die Schrift gesagt hat, Ströme lebendigen Wassers fließen. (Dies aber sagte er von dem Geist, den die empfangen sollten, die an ihn glaubten; denn noch war der Geist nicht da, weil Jesus noch nicht verherrlicht worden war.)" „Und als er mit ihnen versammelt war, befahl er ihnen, sich nicht von Jerusalem zu entfernen, sondern auf die Verheißung des Vaters zu warten — die ihr, sagte er, von mir gehört habt; denn Johannes taufte mit Wasser, ihr aber werdet mit Heiligem Geist getauft werden nach nicht mehr vielen Tagen."

Die von den Jüngern persönlich erfahrene Erfüllung dieser Verheißung wird in Apostelgeschichte 2,1-4 beschrieben: „Und als der Tag des Pfingstfestes erfüllt war, waren sie alle an einem Ort beisammen. Und plötzlich geschah aus dem Himmel ein Brausen, als führe ein gewaltiger Wind daher, und erfüllte das ganze Haus, wo sie saßen. Und es erschienen ihnen zerteilte Zungen wie von Feuer, und sie setzten sich auf jeden einzelnen von ihnen. Und sie wurden alle mit Heiligem Geist erfüllt."

Welche Folgerung ziehen wir nun daraus? Stellen wir uns Johannes den Täufer vor. Er taufte die Menschen im Jordan, sprach gleichzeitig aber von einer zweiten Taufe, die ein anderer vollziehen würde. War das nicht eine höchst seltsame Aussage? Ich kann mir die Überraschung der bereits Getauften sehr gut vorstellen. Immer wieder werden sie sich gefragt haben, wann denn diese Taufe durch den von Johannes als „stärker als ich" Bezeichneten wohl stattfinden würde. Dann endlich kam die erwartete Bestätigung der Verheißung — aus dem Munde Jesu persönlich. Mehrmals waren sie von ihm auf den Tröster hingewiesen worden. Da endlich brach der große Tag an. Alle waren sie im Obergemach versammelt, als sich die Verheißung — von Johannes gegeben, von Jesus bestätigt — in herrlicher Weise an ihnen erfüllte. Der Mächtigere war gekommen, um sie mit der größeren Taufe zu beschenken.

In Apostelgeschichte 8 lesen wir, daß Bewohner der Provinz Samaria den Heiligen Geist durch den Dienst der Apostel empfingen.

Die Heiden aber standen noch außerhalb. Gott mußte die Mauer niederreißen und den Juden unmißverständlich klarmachen, daß auch die Heiden ein Anrecht darauf hatten, Glieder am Leibe Christi, seiner Gemeinde, zu werden. Und so wurde Petrus zum Hause des Hauptmanns Kornelius gesandt. Nur einc besondere Vision konnte ihn allerdings davon überzeugen, daß auch Nicht-Juden das Evangelium verkündigt werden mußte. Dann, zur Überraschung aller, gab Gott auch den Heiden ihr besonderes Pfingsterlebnis. Das geschah in solch offensichtlicher und überwältigender Weise, daß Petrus verstummen mußte. Die herrliche Verheißung des Täufers hatte sich in der Erfahrung seiner Jünger, der Juden, Samaritaner und Heiden erfüllt. Damit war die Gemeinde Jesu, zu der jeder, ohne Ansehen der Person, berufen ist, völlig für den Stapellauf ausgerüstet.

Kapitel 2

Die Erfüllung mit dem Heiligen Geist

Nach der Bibel „haben" zwar alle gläubigen Christen den Heiligen Geist, aber nur wenige sind mit dem Geist „erfüllt". In Johannes 3,3-8 wird die vom Heiligen Geist bewirkte Neuschöpfung beschrieben. Da die Wiedergeburt im Wesenskern des Menschen stattfindet, zieht der Heilige Geist ein, um neues Leben zu vermitteln. In 1. Korinther 3,16 lesen wir: „Wißt ihr nicht, daß ihr Gottes Tempel seid und der Geist Gottes in euch wohnt?" Aus diesem Vers ist klar ersichtlich, daß Gottes Geist in der Gemeinde der Gläubigen, d.h. in der Gesamtheit des Leibes Christi, Wohnung genommen hat. Auch aus 1. Korinther 6,19 geht klar hervor, daß jeder einzelne Gläubige ein Heiligtum des in ihm wohnenden Geistes ist. Hier heißt es: „Wißt ihr nicht, daß euer Leib ein Tempel des Heiligen Geistes in euch ist, den ihr von Gott habt?"

Betrachten wir nun Römer 8,9-16: „Ihr aber seid nicht im Fleisch, sondern im Geist, wenn wirklich Gottes Geist in euch wohnt. Wenn aber jemand Christi Geist nicht hat, der ist nicht sein. Ist aber Christus in euch, so ist der Leib zwar tot der Sünde wegen, der Geist aber Leben der Gerechtigkeit wegen. Wenn aber der Geist dessen, der Jesus aus den Toten auferweckt hat, in euch wohnt, so wird er, der Christus Jesus aus den Toten auferweckt hat, auch eure sterblichen Leiber lebendig machen wegen seines in euch wohnenden Geistes.

So sind wir nun, Brüder, nicht dem Fleisch Schuldner, um nach dem Fleisch zu leben, denn wenn ihr nach dem Fleisch lebt, so werdet ihr sterben, wenn ihr aber durch den Geist die Handlungen des Leibes tötet, so werdet ihr leben. Denn so viele durch den Geist Gottes geleitet werden, die sind Söhne Gottes. Denn ihr habt nicht einen Geist der Knechtschaft empfangen, wieder zur Furcht, sondern einen Geist der Sohnschaft habt ihr empfangen, in dem wir rufen: Abba, Vater! Der Geist selbst zeugt mit unserem Geist, daß wir Kinder Gottes sind."

Beachte die zweite Aussage in Vers 9: „... Wenn aber jemand Christi Geist nicht hat, der ist nicht sein." Damit müßte die Frage eindeutig beantwortet sein. Es wird aber in diesem Zusammenhang manchmal so argumentiert, als bezöge sich diese Stelle nicht auf den Heiligen Geist, sondern nur auf den Einfluß Christi. In 1. Petrus 1,11 heißt es im Blick auf die von Gottes Geist inspirierten Verfasser der biblischen Bücher: „Sie forschten, auf welche oder auf was für eine Zeit der Geist Christi, der in ihnen war, hindeutete." Hieraus geht hervor, daß der Geist Gottes gemeint ist, denn alle Übersetzer sagen übereinstimmend, daß „heilige Männer vormals geredet haben, wie sie vom Heiligen Geist bewegt wurden." Der Ausdruck ist identisch mit der in Römer 8,9 gebrauchten Bezeichnung „Geist Christi." Es steht deshalb außer Frage, daß alle Gläubigen den Heiligen Geist empfangen haben.

Bei der zweiten Feststellung, daß nur wenige mit dem Heiligen Geist erfüllt sind, wollen wir uns nicht lange aufhalten. Paulus schreibt an die Epheser: „Werdet voll Geistes!“ Dieser Apostel gab keine unnötigen Befehle. Es muß also Menschen mit geistlichen Mangelerscheinungen in der Gemeinde gegeben haben, an die diese Aufforderung gerichtet war. Auch in unseren heutigen Gemeinden werden wir eine ähnliche Feststellung machen können.

Das bedeutet einfach, daß es Gläubige gibt, die den Heiligen Geist „haben“, und solche, die „erfüllt“ sind mit dem Geist.

Oder, versuchen wir es mit einem Bild zu verdeutlichen: es ist ein Unterschied, ob ich ein Haus kaufe oder es auch tatsächlich beziehe. Nie werde ich den Tag vergessen, als der Heilige Geist sich in meinem Leben bezeugte. Während ich hin und her lief und mein Herz vor Gott ausschüttete, kam der Moment, wo ich zu beten aufhörte und begann, den Herrn zu loben. Ich konnte nicht anders, als den Herrn zu preisen und ihm für seine spürbare Gegenwart zu danken. Laßt es mich so beschreiben: Ich erlebte zum ersten Mal in meinem Leben, wie der Hauseigentümer sein eigenes Haus bezog. Welch ein unvergeßlicher Augenblick!

Dabei ist es so, daß nicht wir mehr Heiligen Geist bekommen, sondern der Heilige Geist bekommt mehr von uns. Oft gestatten wir ihm nur, ein oder zwei Räume zu beziehen. Wir sind aber nicht bereit, ihm alle Schlüssel auszuhändigen und ihm damit Zugang zu allen Bereichen unseres Lebens zu geben. Gottes Geist möchte, daß ihm alles unterstellt ist. Er möchte nicht nur Gast, sondern Herr unseres Lebens sein.

Es gibt nichts, was in unseren Häusern und Familien, in der Mission und Verkündigung so nötig wäre wie die Erfüllung mit dem Heiligen Geist. Gott wird uns zur Verantwortung ziehen für die Seelen, die unerrettet blieben, und die Arbeit, die nicht getan wurde, weil wir es versäumten, uns dem Geist Gottes rückhaltlos auszuliefern und ein geisterfülltes Leben zu führen.

Kapitel 3

Der Plan Gottes

Gott will geisterfülltes Leben schenken. Das ist seine Absicht, sobald sich ein Mensch bekehrt. Die Praxis aber sieht meistens anders aus. Liegt es an fehlender Unterweisung? Ich weiß es nicht. Jedenfalls scheint jeder Mensch die Realität von Römer 7 an sich selbst zu erfahren. Gott will nicht, daß eines seiner Kinder jemals rückfällig wird. Trotzdem gibt es viele, die wieder von ihm abfallen. Finden sie wieder zurück zum Herrn, so ist diese Umkehr ein zweiter entscheidender Wendepunkt in ihrem Leben. Dem Herrn sei Dank für die Möglichkeit der Umkehr und Wiederherstellung! Doch besser wäre es, sie wären nie abgewichen!

Neubekehrten sollte gleich eingeschärft werden, wie wichtig es ist, daß ihr Leben unter der Herrschaft des Heiligen Geistes steht. Darum sollten sie auf dem Weg dahin begleitet werden. Sonst besteht die Gefahr des Rückfalls, was natürlich eine zweite große Krise heraufbeschwört, sobald ihnen das bewußt wird.

Wenn du dich bei deiner Bekehrung dem Geist Gottes nicht völlig ausgeliefert hast, wenn es Entgleisungen und Jahre der Kraftlosigkeit in deinem Leben gegeben hat und du einsiehst, daß du bisher in eigener Kraft und nicht in der Fülle des Heiligen Geistes gewirkt hast, dann erfülle die Voraussetzungen, und du wirst erleben, wie dich der Geist Gottes mit Kraft zu einem siegreichen Leben ausrüstet.

Denken wir an die traurige Erfahrung des Volkes Israel: Vierzig Jahre lang irrten sie durch die Wüste, obwohl es ihnen möglich gewesen wäre, das verheißene Land auf direktem Wege in elf Tagen zu erreichen. So verstrich nach der ersten großen Krise beim Durchzug durch das Rote Meer fast ein halbes Jahrhundert, bis sie den Jordan überquerten. Endlich lag die Wüste mit allen Niederlagen und allem Versagen hinter ihnen, und sie betraten das verheißene Land. Sieg und Friede traten an die Stelle von Entmutigung, Auflehnung, Mißerfolg und Rückschlägen.

Ähnlich erging es Jakob. Als er im Geist die Himmelsleiter erblickte, übergab er sein Leben dem Herrn. Aber erst viele Jahre später, als in jener für ihn unvergeßlichen Nacht ein Engel Gottes mit ihm rang, vollzog er eine völlige Hingabe und wurde ein brauchbares Werkzeug in der Hand Gottes. Es gab kein Hindernis, das ihn hätte abhalten können, sich nach der erfahrenen Gottesoffenbarung ganz dem Herrn auszuliefern; trotzdem hatte er sich noch jahrelang auf sich selbst verlassen, bevor er auf dem Weg in seine Heimat endlich bereit war, sein eigenes Wollen aufzugeben.

Wenn dein Leben ähnlich verlaufen ist, nämlich unbrauchbar für Gott und enttäuschend für dich selbst, dann möchte ich dich ermutigen: Erfülle die Voraussetzungen, dann wirst du erfahren, was es heißt, ein geisterfülltes Leben zu führen. Die Israeliten erlebten eine solche Wende. Nie würden sie die Durchquerung des Jordans wieder vergessen. Eine Anhäufung von Steinen im Flußbett und am Ufer des Jordan sollten auch kommende Generationen an den großen Tag im Leben des Volkes Israel erinnern. Morgens befanden sie sich noch auf der einen, abends auf der anderen

Seite. An einem einzigen Tag, der in ihrer Erinnerung stets haften bleiben würde, hatten sie ohne Schwierigkeiten die Ufer gewechselt.

Deshalb, lieber Freund, laß auch du dein altes Leben hinter dir und nimm neues Land ein. Schon bei deiner Bekehrung hättest du das tun sollen, vielleicht schon vor langer Zeit. Es war nicht Gottes Wille, daß du jahrelang außerhalb seines Willens umherirrst. Wenn du ernstlich willst, wird er dich auch jetzt noch mit dem Heiligen Geist erfüllen. Der Geist Gottes ist ausgegossen. Du wirst nicht vergeblich warten, wenn du bereit bist zur Hingabe. Die Fülle des Geistes ist das Kennzeichen eines normalen Christenlebens, wie Gott es von uns erwartet. Während du vor dem Herrn im Gebet wartest, wird er dich immer wieder durch besondere Segnungen und Salbungen des Geistes für den Dienst ausrüsten.

Bist du wirklich ein Tempel des Heiligen Geistes, so werden sich alle deine Fragen und Probleme in bezug auf weltliche Vergnügungen von selbst lösen. Nie mehr wirst du dich fragen müssen, ob es richtig ist, dies oder jenes zu tun oder zu lassen. Gottes Geist wird so mächtig in dir sein, daß du keinerlei Freude an weltlichen Dingen mehr hast. Du wirst die reinigende Kraft einer neuen Liebe erfahren. Alte Bindungen werden gelöst und nichts wird dir so viel Freude und Erfüllung bringen, als dem Herrn dienen zu dürfen. In der völligen Hingabe deines Lebens an ihn wirst du erfahren, daß die Welt ihre Anziehungskraft für dich verloren hat.

Kapitel 4

Wichtige Unterscheidungsmerkmale

In der Bibel ist die Rede von drei unterschiedlichen Menschentypen: dem natürlichen, dem fleischlichen und dem geistlichen Menschen.

Der natürliche Mensch

Dieser wird beschrieben in 1. Korinther 2,14. Hier sagt Paulus: „Ein natürlicher Mensch aber nimmt nicht an, was des Geistes Gottes ist, denn es ist ihm eine Torheit, und er kann es nicht erkennen, weil es geistlich beurteilt wird." Der natürliche Mensch ist nicht wiedergeboren. Er hat den Heiligen Geist nicht empfangen und lebt ganz im Bereich des Natürlichen. Ein solcher Mensch kann ebensowenig von geistlichen Dingen verstehen wie ein ungeborenes Kind von der Welt. Bevor der natürliche Mensch etwas von der Welt des Geistes verstehen kann, muß er in sie hineingeboren werden. Die beiden Bereiche sind weit voneinander entfernt. Er weiß vieles aus der sichtbaren, natürlichen Welt, in der er sich bewegt. Doch außerhalb dieses Bereichs kennt er sich nicht aus. Alles ist ihm fremd. Er muß zunächst aus dem natürlichen in den geistlichen Bereich versetzt werden; sonst ist es ihm unmöglich, geistliche Dinge zu verstehen. Ja, sie erscheinen ihm unglaubhaft und töricht.

Stellen wir uns einen Mann vor, der noch niemals eine Kirche von innen gesehen hat. Trotz aller Versuche, ihn die Einzelheiten zu beschreiben, werden wir feststellen, daß er nur eine sehr vage Vorstellung davon bekommen hat. Man muß ihn persönlich hineinführen. Er muß selbst alles ansehen können: den Altar, die Orgel, die Bankreihen, den Pastor usw. Selbst wenn er nur 30 Sekunden zur Verfügung hätte, würde er in diesem kurzen Zeitraum mehr vom Inneren einer Kirche erfassen, als wir ihm in stundenlangen Beschreibungen hätten vermitteln können.

Nehmen wir einen Afrikaner, der noch nie in seinem Leben Eis gesehen hat. Du erzählst ihm, daß das Wasser hierzulande manchmal so hart und fest wird, daß man darauf gehen kann. Selbst schwere, beladene Schlitten könnten von Pferden darauf befördert werden. „Unsinn!" wird er entgegnen. „Völliger Unsinn! Fünfzig Jahre habe ich jetzt in Afrika gelebt. Fast täglich bin ich mit Wasser in Berührung gekommen, doch niemals wurde es so hart, daß ich darauf hätte gehen können!" Was du auch versuchst, es gelingt dir nicht, ihn zu überzeugen, es sei denn, du nimmst ihn mit in deine Heimat und zeigst ihm an einem kalten Wintertag einen zugefrorenen See. Das wird ihn augenblicklich überzeugen.

Nehmen wir ein anderes Beispiel: Du erzählst mir, daß man sich am Feuer verbrennen und wie schmerzhaft das sein kann. Ich versuche, es mir vorzustellen, habe aber keine Ahnung, wie weh es tatsächlich tut. Eines Tages verbrenne ich mich an einem heißen Ofen. Jetzt brauchst du mir nichts mehr zu erzählen. Ich weiß Bescheid, weil ich es am eigenen Leib gespürt habe.

Ebenso ist es mit dem natürlichen Menschen. Ihm ist es unmöglich, geistliche Dinge zu verstehen. Er mag über einen brillanten Intellekt, über großes Wissen und einen hohen Intelligenzquotienten verfügen, in geistlichen Dingen ist er trotz allem wie ein Kind. Er hat noch nicht wirklich begriffen, was er zu begreifen sucht. Die biblische Weisung lautet: „Schmeckt und seht." Der natürliche Mensch aber hat noch nichts geschmeckt und nichts gesehen. Folglich weiß er nicht, wovon die Rede ist.

Es ist ihm unbegreiflich, daß eine Gebetsversammlung schöner sein soll als ein Theaterstück und ein Gottesdienst attraktiver als eine Tanzveranstaltung. Er hat einfach keinen Appetit auf göttliche Dinge, folglich interessiert ihn Gottes Speisekarte nicht. Dabei geht es nicht um ein verstandesmäßiges Erfassen; es ist eine Frage des Appetits. Um Geschmack an Gottes Speisekarte zu haben, muß sich seine Geschmacksrichtung ändern. Sobald das geschehen ist, wird er nichts so sehr genießen wie ein Festessen aus Gottes Wort. Sein neu erwachter Appetit wird nur noch mit geistlicher Nahrung zu stillen sein.

Genau aus diesem Grund sagte Philippus zu Nathanael: „Komm und sieh!" Argumentieren hatte keinen Sinn, denn Nathanael war ein Philosoph, ein Denker. Philippus wußte das, und so sagte er einfach: „Komm und überzeuge dich!" Nathanael, das war Philippus klar, mußte Jesus persönlich begegnen. Dies gilt auch für den natürlichen Menschen. Auch er muß Jesus ganz persönlich erleben.

Der fleischliche Mensch

Der fleischliche Mensch wird uns in 1. Korinther 3, 1-4 beschrieben, wo Paulus erklärt: „Ich, Brüder, konnte nicht zu euch reden als zu Geistlichen, sondern als zu Fleischlichen, als zu Unmündigen in Christus." Der fleischliche Mensch ist also noch immer ein (geistliches) Baby. Jeder freut sich über ein neugeborenes Kind, doch wenn es ein Säugling bleibt, wenn es längst erwachsen sein sollte, gibt das Anlaß zu ernster Besorgnis. Von einem Baby erwartet man, daß es wächst. Auch ein Christ sollte im Glauben wachsen. Wo das nicht geschieht, stimmt etwas nicht. Fleischlich sein bedeutet deshalb, als Christ auf der Stufe eines Kleinkindes stehenzubleiben.

Was sagt Paulus nun im 2. Vers unseres Textes? Er schreibt: „Ich habe euch Milch zu trinken gegeben, nicht feste Speise, denn ihr vermochtet es noch nicht. Ihr vermögt es aber auch jetzt noch nicht." Kleinkinder müssen gefüttert werden. Sie haben noch nicht gelernt, für sich selbst zu sorgen. Die Bibel bleibt für sie ein verschlossenes Buch, solange sie nicht jemanden finden, der ihnen den Inhalt erklärt. Mit anderen Worten: der fleischliche Christ ist in bezug auf seine geistliche Nahrung von anderen abhängig.

„Ihr seid noch fleischlich. Denn da Eifersucht und Streit unter euch ist: Seid ihr nicht fleischlich und wandelt nach Menschenweise? Denn wenn einer sagt: Ich bin des Paulus, der andere aber: Ich des Apollos — seid ihr nicht fleischlich?" Die Kennzeichen des fleischlichen Christen sind demnach: Neid, Uneinigkeit und Entzweiung. Dies sind auch die Merkmale fleischlicher Gemeinden, die nicht vom Geist Gottes geprägt sind.

Dein Zeugnis kann noch so eindrucksvoll klingen,

wenn du aber andere beneidest und dich mit deinem Nachbarn streitest, dann denke nicht, du seist geistlich gesinnt. Wenn dein Leben von Zwietracht gekennzeichnet ist und du nicht vergeben und vergessen willst, dann lebst du noch im Fleisch. Ebenso ist es in den Gemeinden. Sie mögen nach außen hin noch so erfolgreich in ihrer Arbeit sein, wenn es Streit, Zank und Spaltungen unter den Gemeindegliedern gibt, sind sie fleischlich und nicht geistlich.

In Römer 8,7 sagt Paulus: „Die Gesinnung des Fleisches ist Feindschaft gegen Gott, denn sie ist dem Gesetz Gottes nicht untertan, sie kann das auch nicht." Es gibt zwei Arten von Verbrechen, auf die in manchen Ländern die Todesstrafe steht: Mord und Hochverrat. Verräter müssen ausgeschaltet werden, sonst werden sie früher oder später neues Unheil anrichten. Ist nicht die Fleischlichkeit ebenfalls ein Verräter, ein Verräter an der Sache Gottes? Deshalb sieh zu, daß alles fleischliche Wesen in dir gekreuzigt, tot und begraben ist. Für den alten Menschen gibt es keine Auferstehung. Sorge dafür, daß du das auch als vollendete Tatsache an dir selbst erfährst. Sage mit Paulus: „Ich bin mit Christus gekreuzigt."

Der geistliche Mensch

Den geistlichen Menschen finden wir in 1. Korinther 2,15 beschrieben. Hier sagt Paulus: „Der geistliche Mensch beurteilt alles." Mit anderen Worten: der geistliche Mensch besitzt Unterscheidungsvermögen. Er ist in der Lage, falsche Lehre und unechtes Feuer zu erkennen. Sobald Irrtümer auftauchen, entdeckt er sie, auch wenn sie noch so sehr mit Wahrheiten verbrämt sind. Gerade in der heutigen Zeit, die zunehmend von Fanatismus und Unglauben gekennzeichnet ist, brauchen wir dieses geistliche Unterscheidungsvermögen. Satan ist eifrig damit beschäftigt, Erfahrungen und Gaben nachzuäffen. Es geschieht so viel in unseren Versammlungen, was nicht vom Heiligen Geist gewirkt wird, soviel Unechtes, daß Menschen sehr leicht irregeleitet werden können. Nie war die Unterscheidung der Geister so nötig wie heute. Zwar ist der geistliche Christ nicht immer in der Lage, Irrlehren wirksam zu bekämpfen, er erkennt sie aber als solche und meidet sie. Auch kann er andere warnen und die Herde auf diese Weise vor den Wölfen schützen, die oft genug in Schafskleidern daherkommen, um unerkannt zu bleiben.

Lesen wir, was Paulus an die Galater schreibt (Galater 6,1): „Brüder, wenn auch ein Mensch von einem Fehltritt übereilt wird, so bringt ihr, die Geistlichen, einen solchen im Geist der Sanftmut wieder zurecht. Und dabei gib auf dich selbst acht, daß nicht auch du versucht wirst.“ Wenn ein fleischlich gesinnter Christ versucht, Differenzen zwischen Glaubensbrüdern zu schlichten oder sich mit jemandem zu befassen, der in Sünde gefallen ist, so ist das Ergebnis oft verheerend. Nur ein geistlicher Christ kann einem gefallenen Bruder zurechthelfen.

Stellen wir uns einen Menschen vor, der von einer Sünde übereilt wurde und dem ein fleischlicher Christ helfen will. Wird er ihm in der rechten Haltung begegnen? Nein. Selbstsicher und mit dem Gefühl geistlicher Überlegenheit wird er den Zeigefinger erheben und den Abgeirrten ermahnen. Das Ergebnis wird so aussehen, daß der Bruder, den er zurückgewinnen wollte, sich noch mehr verschließt und sich immer weiter vom Herrn entfernt. Schicken wir aber einen geistlichen Christen zu ihm, so erleben wir etwas völlig anderes. Der Bruder kommt sofort innerlich wieder in Ordnung. Fragen wir nach dem Grund, so erfahren wir, daß der um die Seele des Bruders besorgte Christ zunächst die Stille vor Gott gesucht hat, um sich auf die Begegnung vorzubereiten. „Bitte, Herr, gib mir die rechte Demut", betet er. „Gib mir deine Liebe für meinen Bruder und ein bußfertiges Herz. Wie leicht hätte mir das auch passieren können. Bitte hilf mir, mich an seine Stelle zu versetzen, wenn ich zu ihm gehe." Indem er so betet, erinnert er sich an die Warnung in Gottes Wort: „Gib auf dich selbst acht, daß nicht auch du versucht wirst!" Jetzt hat er die richtige innere Einstellung. Voller Mitleid, demütig und bescheiden sucht er den Bruder auf, der gesündigt hat, legt den Arm um ihn und weint. Da hört man kein liebloses Urteil, keine Vorwürfe oder Anklagen! Sein ganzes Verhalten spiegelt die Gnade und Barmherzigkeit Gottes wider, der dem Sünder liebevoll nachgeht. So kann der Heilige Geist sein Werk tun, und bald ist alles wieder gut.

Wo stehst du?

Diese Frage müssen wir uns jetzt stellen, nachdem wir uns mit den drei in der Bibel erwähnten Menschentypen befaßt haben. Bist du noch in Ägypten, der Heimat des unerlösten, natürlichen Menschen? Oder bist du in der Wüste, wo der fleischliche Christ umherirrt, der das Gelobte Land aus den Augen verloren hat? Möge es so sein, daß du in Wahrheit wiedergeboren bist. Dann hast du das Rote Meer bereits durchquert, die Wüste hinter dir gelassen und jenseits des Jordans das verheißene Land betreten, die Heimat des geistlichen Menschen.

Kapitel 5

Warum Erfüllung mit dem Heiligen Geist?

„Bleibt in der Stadt, bis ihr angetan werdet mit Kraft aus der Höhe", heißt es in Lukas 24,49. „Ihr werdet Kraft empfangen, wenn der Heilige Geist auf euch gekommen ist" (Apostelgeschichte 1,8). Die Kraft des Heiligen Geistes ist also nötig, um ein gottgefälliges, geistliches Leben führen zu können.

1. Sieg über die Sünde

In einem natürlichen Menschen wohnt nicht der Heilige Geist. Er wird zwar durch den Geist von Sünde überführt, doch solange er nicht wiedergeboren ist, kann Gottes Geist nicht in ihn einziehen.

Der fleischlich gesinnte Mensch hat zwar den Heiligen Geist, befindet sich aber ständig im Kampf, weil der alte Mensch in ihm noch zu mächtig ist. In Galater 5,17 finden wir diesen Kampf beschrieben: „Das Fleisch begehrt gegen den Geist auf, der Geist aber gegen das Fleisch, denn diese sind einander entgegengesetzt, damit ihr nicht das tut, was ihr wollt." Unser alter Mensch gewinnt also oft die Oberhand, und der Geist wird gedämpft.

Kurz nach der Bekehrung wird dem Gläubigen bewußt, in was für einem Kampffeld er sich befindet. Es entstehen Konflikte zwischen Fleisch und Geist, zwischen der alten und neuen Natur. Zu seiner Bestürzung muß der Neubekehrte feststellen, daß sein altes Wesen noch oft den Sieg davonträgt. Von Zeit zu Zeit verliert er die Selbstbeherrschung, unreine Gedanken nisten sich bei ihm ein, und andere fleischliche Charaktereigenschaften machen sich bemerkbar, wie z. B. Angst, Sorge, Eifersucht, Stolz, Neid, Bosheit, Ärger, Unversöhnlichkeit, Haß, Mutlosigkeit, Verzweiflung, Verbitterung, Eigennutz, Weltlichkeit, Streben nach Anerkennung und vieles andere mehr.

Er kämpft mit aller Kraft dagegen an, er weint und betet, doch scheint alles vergeblich zu sein. In seiner Verzweiflung ruft er schließlich aus, wie wir es auch in Römer 7 lesen können: „Ich elender Mensch! Wer wird mich retten von diesem Leibe des Todes?“ Jetzt endlich hat er den Punkt erreicht, wo ihm bewußt wird, daß er eine Kraft braucht, die außerhalb seiner Möglichkeiten liegt. Jetzt wird ihm klar, daß Gott gerade für diese Situation vorgesorgt hat, und zwar durch den Heiligen Geist. Er greift jetzt ein und übernimmt die Herrschaft.

Beim sorgfältigen Lesen von Römer 7,14-24 stellen wir fest, daß Paulus an dieser Stelle seine eigene Erfahrung mit dem Gesetz beschreibt. Auch er hatte mit aller Willenskraft versucht, Gott zu dienen, und war kläglich damit gescheitert. Wir sehen also, daß unser Text den religiösen Menschen von heute beschreibt. Ob errettet oder nicht, er hat das Geheimnis des Sieges durch die Kraft des Heiligen Geistes noch nicht erfaßt und ist immer noch bemüht, aus eigener Kraft ein gottgefälliges Leben zu führen — ein Vorhaben, das trotz aller guten Vorsätze zum Scheitern verurteilt ist. Diese

Erfahrung blieb also auch Paulus nicht erspart. In Vers 24 gibt er sein völliges Versagen zu, und in Vers 25 lesen wir, daß die Befreiung allein durch Christus geschieht. In Kapitel 8 erklärt er den Christen in Rom, daß der Heilige Geist es ist, der als Stellvertreter Christi diese Befreiung bewirkt. Jetzt hört Paulus auf zu kämpfen und überläßt dem Stärkeren, dem Heiligen Geist, die Herrschaft über sein Leben, nachdem alle eigenen Anstrengungen, die in ihm herrschende Sünde in eigener Kraft zu besiegen, gescheitert waren. In Römer 8,2 lesen wir: „Das Gesetz des Geistes, der da lebendig macht in Christus Jesus, hat mich frei gemacht von dem Gesetz der Sünde und des Todes." „. . . damit die Rechtsforderung des Gesetzes erfüllt wird in uns" (Vers 4). Die Betonung liegt hier auf dem „in uns", was bedeutet, daß der Heilige Geist in uns (nicht durch uns) das Gute bewirkt, wenn wir uns seiner Herrschaft unterstellen. Bis zum Ende des 7. Kapitels des Römerbriefes ist praktisch gar nicht vom Heiligen Geist die Rede. In Kapitel 8 dagegen spricht Paulus immer wieder davon. Die Sünde kann nicht länger in uns herrschen. Der große Befreier hat die Aufgabe übernommen, und der Sieg ist uns sicher. Preis dem Herrn!

Lesen wir jetzt Hesekiel 36,27: „Ich werde meinen Geist in euer Inneres geben; und ich werde machen, daß ihr in meinen Ordnungen lebt und meine Rechtsbestimmungen bewahrt und tut." „Ich werde machen", sagt Gott. Hier liegt das Geheimnis. Es gibt bereits jemanden, der das Heft in die Hand nimmt und zum guten Ende führt. Der Gläubige muß ihn nur erkennen und sich ihm ausliefern. Es existiert nur ein einziges göttliches Gegenmittel gegen das Gift der Sünde in uns: der Geist Gottes, der uns in Hesekiel 36,27 angekündigt wird.

Erst wenn wir das für uns beanspruchen, werden

wir zu geistlichen Menschen, die vom Heiligen Geist beherrscht, kontrolliert und geleitet werden. Wie groß ist unsere Freude, wenn das in unserem Leben geschieht! Alle unnützen eigenen Anstrengungen, Kämpfe und Entschlüsse haben ein Ende. Gott, der Heilige Geist, weiß Rat ist allen Wechselfällen des Lebens. Ihm sei Lob und Preis! Der geistliche Mensch sehnt sich nicht mehr nach seinem alten Leben. Römer 8 ist jetzt seine Erfahrung geworden.

Das Problem des fleischlichen Christen besteht darin, daß er sich nicht weit genug vom Feindesland entfernt. Der Geruch der Fleischtöpfe Ägyptens läßt ihn nicht zur Ruhe kommen. Hat er sich heute einmal in Richtung auf das Gelobte Land vorgewagt, geht er morgen wieder zurück. Kein Wunder, daß er oft voller Sehnsucht aufs Rote Meer hinausschaut und — wenn niemand es sieht — einen kurzen Abstecher nach Ägypten wagt. Ebenso sehnsüchtig steht er manches Mal am Jordan, während einer gesegneten Konferenz zum Beispiel, wagt aber auch jetzt keinen Standortwechsel und bewegt sich weiter im Kreise. Solche fleischlich gesinnten Christen sind willkommene Werkzeuge Satans, denn jedes echte Problem in der Gemeinde hat seine Wurzel im unerlösten Ich des Menschen. Gott aber möchte aus jedem seiner Kinder einen geistlichen Menschen machen.

2. Kraft für den Dienst

Der fleischliche Christ ist für den geistlichen Dienst ungeeignet. Es ist noch so viel Eigenleben in ihm, daß Gott nicht durch ihn wirken kann. Ohne Erfüllung mit dem Geist gibt es keine bleibende Frucht. Kein Land der Welt würde seine Soldaten ohne entsprechende

Ausrüstung in den Kampf schicken. Die Kampfausrüstung des Christen im Dienst für den Herrn ist die Erfüllung mit dem Geist Gottes. Ohne diesen Beistand ist er hilflos. Allein durch den Heiligen Geist ist er stark in Gott und brauchbar für ihn.

„Ihr werdet Kraft empfangen, wenn der Heilige Geist auf euch gekommen ist; und ihr werdet meine Zeugen sein", lesen wir in Apostelgeschichte 8,1. Wir brauchen die Kraft Gottes für unser Zeugnis, sonst bleibt es fruchtlos. „Als sie gebetet hatten, bewegte sich die Stätte, wo sie versammelt waren: und sie wurden alle mit dem Heiligen Geist erfüllt und redeten das Wort Gottes mit Freimütigkeit. Als sie aber die Freimütigkeit des Petrus und Johannes sahen und bemerkten, daß es ungelehrte und ungebildete Leute seien, verwunderten sie sich" (Apostelgeschichte 4,31.13). So also sah der Dienst der Apostel nach dem Empfang des Heiligen Geistes aus. Sie gaben Zeugnis, predigten und lehrten das Volk. Gott kann mehr durch eine einzige Botschaft bewirken, die in göttlicher Autorität gebracht wird, als durch Hunderte von Predigten ohne Geistesleitung.

Auch für das Gebet brauchen wir den Geist Gottes. Nicht umsonst heißt es in Römer 8,26: „Ebenso aber nimmt auch der Geist sich unserer Schwachheit an; denn wir wissen nicht, was wir bitten sollen, wie es sich gebührt, aber der Geist selbst verwendet sich für uns in unaussprechlichen Seufzern." „Mit allem Gebet und Flehen betet zu jeder Zeit im Geist", schreibt Paulus im 6. Kapitel seines Briefes an die Epheser (Vers 18).

Manchen Christen ist es unmöglich, öffentlich zu beten. Wären sie mit dem Heiligen Geist erfüllt, hätten sie diese Schwierigkeit nicht. „Der Geist nimmt sich unserer Schwachheit an", also kann ein geisterfüllter

Christ laut beten und Zeugnis ablegen. Ich erinnere mich an eine Frau in der Presbyterianischen Kirche, die es nicht fertigbrachte, in der Öffentlichkeit den Mund aufzutun. Eines Tages bat ich einen hinter ihr sitzenden Bruder, uns im Gebet zu leiten, und sie fragte sich erschreckt, was passiert wäre, wenn ich sie darum gebeten hätte. Eines Abends begann diese Frau, die bisher in jeder Gebetsversammlung geschwiegen hatte, so ungezwungen und voller Freimut laut im Geist zu beten, daß jeder der Anwesenden gesegnet und auferbaut wurde.

„Wo der Geist des Herrn ist, da ist Freiheit." Wenn du gehemmt bist in deinem Gebet und Zeugnis, dann ist das ein Zeichen dafür, daß du die Fülle des Heiligen Geistes noch nicht für dich in Anspruch genommen hast. Erst das Gebet im Geist gibt dir Zutritt zum Throne Gottes. Ist das auch deine Erfahrung? Betest du wirklich, oder sagst du nur ein Gebet herunter? Erlebst du, wie der Geist Gottes in dir arbeitet, während du betest, bis der Sieg errungen ist? Ohne die Fülle des Geistes werden wir die wahre Bedeutung ernstlicher, anhaltender Fürbitte niemals verstehen können.

Kapitel 6

Die Bedingungen

Fragen wir nach dem Geheimnis eines geisterfüllten Lebens, so müssen wir auch auf die Bedingungen zu sprechen kommen. Die völlige Lebensübergabe steht hier an erster Stelle. „Stellt euch selbst Gott zur Verfügung", lesen wir in Römer 6,13. Dazu gehört als Voraussetzung: Bekenne dem Herrn alle deine Verfehlungen, deine nicht eingehaltenen Gelübde und Versprechungen. Sprich mit ihm über alle notvollen Erfahrungen auf deinem Weg durch die Wüste und übergib ihm mit bußfertigem Herzen dein armes gequältes Leben. Überlaß ihm die Führung. Übergib dich ganz dem Herrn, indem du ihm jede bewußte Sünde bekennst und dich entschieden davon abwendest. Wie außerordentlich wichtig ist dieser erste Schritt! Wer hier nicht entschieden genug ist, wird immer wieder versagen. Wenn du also feststellen mußt, daß du kein geisterfülltes Leben führst, dann suche den Grund in mangelnder Hingabe und fehlendem Gehorsam. Je mehr Bereiche deines Lebens du dem Herrn übergibst, desto überfließender ist sein Leben in dir.

Doch ich möchte jetzt nicht näher auf die Übergabe des Eigenlebens eingehen; darüber mehr an anderer Stelle. Was unbedingt am Anfang stehen muß, ist die Aufgabe unserer Lieblingssünden. Es muß eine klare

Trennung von jeder Sünde und Ungerechtigkeit in unserem Leben stattfinden, und unser vom Herrn erneuerter Wille darf sich nie mehr an Dingen entzünden, die in den Bereich der Sünde gehören. Wenn ich wirklich tief in meinem Herzen mit der Sünde brechen will, dann kann ich es auch, vielmehr der Herr kann es. Er hat Vorsorge dafür getroffen. Wie sieht es dann mit jener Sünde aus, die dich immer wieder bedrängt? Hast du sie wirklich dem Herrn bekannt und ihm übergeben? Übergeben heißt aufgeben. Bist du im tiefsten bereit, dir den flüchtigen Genuß zu versagen, den dir die Sache bereitet? Denk doch einmal nach: Wenn Satan dir etwas als schön oder begehrenswert vorgaukelte, hast du dir nicht jedes Mal die Finger verbrannt, wenn du den Verlockungen nachgabst? Wurdest du danach nicht von Gewissensbissen gequält und hast dich elend und verlassen gefühlt? Gib die Dinge auf. Sie sind den Kummer nicht wert, den sie verursachen.

Bitte verharmlose jetzt nichts! „Eure Vergehen sind es, die eine Scheidung gemacht haben zwischen euch und eurem Gott, und eure Sünden haben sein Angesicht vor euch verhüllt“, heißt es in Jesaja 59,2. Und in Psalm 66,18 lesen wir: „Wenn ich es in meinem Herzen auf Frevel abgesehen hätte, so würde der Herr nicht hören.“ Das zeigt, wie ernst der Herr die Sünde nimmt. Sünde muß man bekennen, hassen und lassen, sonst wird der Herr unsere Gebete noch nicht einmal hören, geschweige denn erhören. Getanes Unrecht muß wiedergutgemacht werden. So kann es sein, daß etwas zurückerstattet oder jemand um Vergebung gebeten werden muß, den wir verletzt haben. Mit der Sünde darf man keine Kompromisse eingehen. Welchen Sinn hätte es, um die Fülle des Heiligen Geistes zu bitten, wenn es ungeklärte Dinge in unserem Leben gibt! Ein solches Gebet würde Gott nie erhören.

Genau hier liegt die Wurzel des Übels. Männer und Frauen suchen den Herrn im Gebet. Sie bitten um die Fülle des Geistes und verbringen viele Stunden auf den Knien, doch der Herr antwortet nicht, weil Sünde in ihrem Leben ist. Sie wollen die Gabe, sind aber nicht bereit, den Preis zu zahlen. Unversöhnlichkeit, Haß, Neid oder irgendeine andere ichhafte Neigung halten sie gefangen. Sobald sie den Herrn ernstlich suchen, erinnert sie der Geist Gottes an diese Dinge. Sie versuchen auszuweichen, doch ohne Erfolg. Früher oder später werden sie sich stellen müssen und den Dingen ehrlich ins Auge blicken müssen. Vielleicht ist es eine unerkannte Sünde, denn „des Menschen Herz ist trügerisch und äußerst böse." Wenn der Herr sie aber ins Licht stellt, dann muß der Schrei nach Befreiung das nächste sein. „Prüfe mich, o Gott, und erfahre mein Herz, und siehe, ob ich auf bösem Wege bin!" Manchmal dauert es lange, bis wir unseren wahren, unheilvollen Zustand erkennen. Um uns die Augen für die Realität zu öffnen, führt uns der Herr oft auch in Situationen, in denen unser wahres Wesen offenbar wird, so, daß wir entsetzt sind. Auch Jesaja, Hiob und Petrus wurden so geführt und waren zutiefst erschrocken über sich selbst.

Darf ich dich fragen, ob du bereit bist, dich entschieden von jeder Ungerechtigkeit, jeder Lieblingssünde in deinem Leben abzuwenden? Ist deine Sehnsucht nach Gottes Fülle groß genug, um dafür alles Verkehrte aufzugeben, das du in deinem Leben erkennst? Oder kann es sein, daß du liebgewordene Gewohnheiten im Grunde gar nicht aufgeben willst, daß du nicht entschieden genug kämpfst, wenn die Versuchung naht? Diese Fragen sind lebenswichtig. Stell dich ihnen mit ganzer Konsequenz. Tust du es nicht, bringst du dich selbst um den Segen.

Stellen wir uns eine junge Frau vor. Sie möchte mit dem Heiligen Geist erfüllt werden, doch soviel sie auch bittet und fleht, die Antwort bleibt aus. Schließlich wird ihr bewußt, woran es liegt: Sie kennt einen jungen Mann, der nicht wiedergeboren ist. Er geht zwar zur Kirche, will sich dem Herrn aber nicht übergeben, und so laufen ihre Wege zwangsläufig auseinander. „Zieht nicht am selben Joch mit den Ungläubigen." Dieser Bibelvers fällt ihr ein, und sie weiß genau, daß Gott nur Gehorsame mit seinem Geist beschenkt. Die Frage erhebt sich, wem sie den Vorrang geben will: dem Herrn oder dem unerretteten Partner. Sie kämpft und weint, wagt aber keine echte Entscheidung. Das Traurige geschieht, daß ihr die Fülle versagt bleibt, weil sie am entscheidenden Punkt zurückgewichen ist.

Nehmen wir ein anderes Beispiel: Eine junge Frau ist mit einem Mann befreundet, der bereits verheiratet ist. Sie hätten also nicht einmal das Recht, miteinander auszugehen, doch die junge Frau ist so an den betreffenden Mann gebunden, daß sie jede Möglichkeit nutzt, mit ihm zusammen zu sein. Die Ehefrau des Mannes weiß natürlich nichts von dieser betrügerischen Beziehung. Eines Tages wird in einer gesegneten Versammlung besonders um die Fülle des Heiligen Geistes gebetet. Die junge Frau fühlt sich angesprochen und geht mit nach vorn. Auch sie möchte die Fülle des Geistes empfangen. Doch vor ihrem inneren Auge steht jener Mann, mit dem sie sich eingelassen hat. Auch an dessen betrogene Ehefrau und die Kinder muß sie denken. Immer wieder schweifen ihre Gedanken ab, während sie zu beten versucht. „Du lebst in Sünde! Es ist Sünde!" tönt es in ihr. Schließlich kann sie den Zwiespalt nicht mehr ertragen, und unter bitteren Tränen liefert sie den ganzen Schmutz dieser Beziehung dem Herrn aus. Von jetzt an will sie ganz — mit Körper, Seele und Geist — dem Herrn gehören und sich ihm völlig ausliefern. Und der Herr, der es dem Aufrichtigen gelingen läßt, schenkt ihr daraufhin, was sie von ihm erbittet und befähigt sie zu vollmächtigem Dienst.

Betrachten wir eine andere junge Frau. Wir sehen sie oft in Begleitung ungläubiger Freunde, die im Tanzsaal, in Kneipen, Bars und Kinos zu Hause sind und sich die Zeit mit Tanzen, Kartenspiel und Trinken vertreiben. Ab und zu gehen sie auch zur Kirche, doch sind ihre Gedanken ganz woanders. Die junge Frau weiß: wenn sie sich ihnen gegenüber zu Jesus bekennt, ist es aus mit der Freundschaft. So entscheidet sie sich für den Kompromiß und lebt mit belastetem Gewissen, obwohl sie den Herrn damit betrübt. Auch diese junge Frau wünscht sich ein geisterfülltes Leben, ist aber nicht bereit, den Preis dafür zu zahlen.

Ein weiteres Beispiel: Ein junger Mann kann seinen Trieb nicht beherrschen. Niemand außer Gott weiß davon. Immer wieder hat er geschworen, mit dieser üblen Gewohnheit zu brechen, doch alle Beteuerungen sind umsonst. Wie oft hat er Gott schon um Vergebung gebeten! Eine Weile geht es gut — dann, wenn die Versuchung an ihn herantritt, kann er nicht widerstehen. Diese verborgene Sünde ist es, die verhindert, daß er die Fülle des Geistes empfängt. Er hat noch nicht kapituliert vor Gott und ist nicht wirklich gewillt, um jeden Preis von dieser Unreinheit zu lassen. Sobald er jedoch wirklich dazu bereit ist, wird der Herr zum Wollen das Vollbringen schenken und ihn mit der nötigen Kraft ausrüsten.

Jetzt möchte ich zwei wichtige Fragen an dich richten: Erstens: Willst du deine Sünde aufgeben? Zweitens: Bist du fest entschlossen dazu? Gerade hier liegt das Problem! Unzählige Christen sind im tiefsten nicht bereit, auf ihre Götzen zu verzichten und ihre Lieblingssünden unter allen Umständen zu lassen. Sie sind noch nicht soweit, jede Sünde in ihrem Leben zu verabscheuen, damit Gott mit ihnen zum Ziel kommt. So kann er sie nicht beschenken und sie dem geisterfüllten Leben näherbringen. Der Wille ist demnach am Beginn unseres Glaubenslebens von allergrößter Wichtigkeit.

Doch der Wille allein genügt nicht. Es muß zu einer geradezu kämpferischen Entschlossenheit kommen, mit allem sündlichen Wesen aufzuräumen. Die Kraft Gottes zur Befreiung ist auch jetzt noch nötig. Doch die Voraussetzung für das Eingreifen Gottes haben wir selbst zu schaffen: unbedingte Ehrlichkeit und der feste Entschluß, keine Sünde mehr in unserem Leben zu dulden.

Auch Jesus prüfte die Entschlossenheit der heilsuchenden Menschen, indem er sie fragte: „Willst du gesund werden?" Erinnern wir uns an die Worte des Verlorenen Sohnes? Am Ende aller eigenen Möglichkeiten beschließt er: „Ich will umkehren und zu meinem Vater gehen!" Mit diesem: „Ich will!" bringt er seine Entschlossenheit zum Ausdruck. Auch du solltest das tun. Gott möchte wissen, wo du stehst. Oft genug machen wir einen Schritt nach vorn, um dann wieder zurückzuweichen. Unser Tun gleicht einem ständigen Wechsel zwischen den Fronten. Wir sind unstet, hin- und hergeworfen wie die Wellen des Meeres. Der Herr aber möchte, daß wir mit eiserner Entschlossenheit Position beziehen und in unserer Haltung gegenüber der Sünde fest und unbestechlich bleiben. Dann erst werden wir den Kampf in seiner Kraft gewinnen.

Kapitel 7

Die Hindernisse

Gott ist unser himmlischer Vater. Ein Vater gibt seinen Kindern gern und freiwillig das Beste, was er hat. Leider haben wir oft eine sehr falsche Vorstellung von diesem Vatergott. Wie die Heiden beten, betteln und flehen wir — oft unter bitteren Tränen — um Gott zu bewegen, uns etwas zu schenken, was er uns schon immer zugedacht hatte.

„Wieviel mehr wird der Vater im Himmel den Heiligen Geist geben denen, die ihn darum bitten." Glaubst du dem Worte Gottes? Dann glaube auch, daß er dich segnen und mit der Fülle seines Geistes beschenken will! Denn das gehört zu seinem Wesen.

Ich stelle mir den Heiligen Geist wie einen mächtigen Strom vor, einen Strom allerdings, der durch Hindernisse der verschiedensten Art eingedämmt und zurückgehalten wird. Hier liegt das Problem. Hindernisse sind im Weg. Auch in deinem Leben sind Blockaden, Blockaden der Sünde. Schaff sie aus dem Weg! Sobald das Flußbett gereinigt ist, kann das Wasser ungehindert fließen. Dann brauchst du nicht einmal um den Heiligen Geist zu bitten. Unaufgefordert wird er kommen und dein Leben reich und fruchtbar machen. Willst du dich ihm nicht völlig überlassen?

Was wird geschehen, wenn du es tust? Gibt es einen

Beweis seiner Gegenwart, irgendeine ungewöhnliche Geistesoffenbarung? Nun, betrachten wir wieder unseren Fluß. Wenn der Damm gebrochen ist, welch gewaltige Wassermassen drängen dann brausend und rauschend durch die neu entstandene Öffnung! Weiter unten mag das Wasser an manchen Stellen seicht sein, da genügt es, kleinere Hindernisse zu entfernen. Das Wasser wird die entstandenen Senken ausfüllen und sich seinen Weg suchen, ohne dabei ein Geräusch zu verursachen.

Hast du es also zugelassen, daß sich in deinem Leben ein großer Damm nicht bekannter und nicht vergebener Schuld anhäufen konnte, so wirst du den Dammbruch erleben wie ein Blinder das Licht. Es wird zu einer herrlichen Veränderung kommen. Bei den meisten Christen jedoch, die sich nach der Fülle des Heiligen Geistes ausstrecken, sind es die kleinen Hindernisse, die den Weg versperren. Sobald diese entfernt sind und damit alles, was den Herrn betrübt, so wird der Heilige Geist kommen und ohne jedes Aufsehen die Herrschaft übernehmen. Die Gewißheit genügt, daß ich alle Hindernisse beseitigt und Frieden mit Gott gefunden habe. Dann kann ich auch sicher sein, daß der Heilige Geist mein Leben regiert, ob ich es nun fühle oder nicht.

Nun, meine Freunde, sind wir in dieser Weise mit Gott in Ordnung? Sind alle Hindernisse beseitigt? Oder gibt es Dinge in unserem Leben, die den Heiligen Geist betrüben, so daß er sich nicht durch uns offenbaren kann?

Stell dir vor, ich will dich besuchen. Ich klopfe an deine Haustür und warte, daß du mich einläßt. Du aber fällst drinnen im Hausflur auf die Knie und bittest mich hereinzukommen. Du flehst mich geradezu an. Wäre das nicht widersinnig? Was nützt alles Bitten und

Flehen, wenn die Tür verschlossen bleibt? Du selbst hast doch den Schlüssel. Sobald du öffnest, werde ich selbstverständlich hereinkommen. Ich habe mich doch deinetwegen auf den Weg gemacht! Verstehst du, mein Freund? Ebenso ist es mit dem Heiligen Geist. Anstatt unter Weinen und Flehen um die Fülle des Geistes zu bitten, geh und öffne die Tür. Räume die Hindernisse aus dem Weg! Dann wirst du erleben, wie der Geist Gottes auch in deinem Leben die Herrschaft übernimmt und dich mit seinem Reichtum beschenkt.

Vielleicht wendest du ein, auch Jesus hätte seinen Jüngern befohlen, auf den verheißenen Tröster zu warten. „Wartet, bis ihr angetan werdet mit Kraft aus der Höhe“ lesen wir. Ja, aber das war vor Pfingsten. Pfingsten war Gottes festgesetzte Zeit für die Ausgießung seines Geistes. Nach Pfingsten ist Warten überflüssig. Mußten Kornelius und die Seinen tagelang warten? Nein, sie empfingen sofort, noch ehe sie zu bitten begonnen hatten. Auch die Menschen in Samaria wußten nichts von einer Wartezeit. Als Petrus und Johannes beteten, fiel die Kraft Gottes auf sie und zwar augenblicklich. Auch in Ephesus gab es keine Wartezeiten. Paulus legte die Hände auf suchende Menschen, und sie empfingen den Heiligen Geist. So lesen wir es in Gottes Wort, und so ist es seit Pfingsten geblieben. Wenn wir auf Gottes Fülle warten müssen, so liegt die Ursache bei uns. Wir trennen uns nicht entschieden genug von aller Sünde und Ungerechtigkeit in unserem Leben. Sobald wir das tun, steht der Herr zu seinem Wort und schenkt uns die geistliche Kraft, die wir brauchen.

Um auf den Geist zu warten, wie Jesus es damals seinen Jüngern befahl, müßten wir eigentlich nach Jerusalem gehen, denn er sagte: „Wartet in Jerusalem“ (Lukas 24,49). Es ist für uns heute ebenso unnötig, in

Jerusalem auf den Heiligen Geist zu warten, wie es unnötig ist, in Bethlehem auf Jesus zu warten. Das Warten bezog sich auf die Zeit vor seiner Ankunft. Inzwischen ist er längst gekommen. Und auch der verheißene Geist ist da. Wir müssen ihn nur hereinlassen und uns füllen lassen. Weiterhin „in Jerusalem zu warten" käme einer Verneinung des Pfingstereignisses gleich.

So ist es also einc Frage der Hingabe, ob mich der Geist Gottes regiert oder nicht. So wie die Luft ein Vakuum füllt, sobald eine Lücke entsteht, so füllt der Heilige Geist unser Herz und Leben, sobald wir uns völlig dem Herrn überlassen. Doch auch dann heißt es „Wachet!" Immer wieder sind wir in Gefahr, Dämme und Hindernisse zwischen uns und dem heiligen Gott aufzubauen, die den Fluß des Geistes hemmen und aufhalten. Gehorsam ist das einzige Gegenmittel. Nicht umsonst heißt es in Gottes Wort: „Gott gibt den Heiligen Geist denen, die ihm gehorchen." In Galater 5,16 finden wir eine weitere, sehr wichtige Aussage: „Wandelt im Geist, und ihr werdet die Lüste des Fleisches nicht vollbringen." Wie einfach ist das! „Wandelt im Geist", lebt im Geist, bleibt im Geist, handelt, denkt und redet im Geist, dann werdet ihr den fleischlichen Lüsten widerstehen können. Mit anderen Worten: Bleibt in Kanaan! Macht keine Abstecher in Feindesland. Dann kann der Geist Gottes ungehindert in deinem Leben wirken, ob du es fühlst oder nicht.

Möge Gott uns bewahren vor Fanatismus und falscher Lehre, wie sie in unserer Zeit so häufig sind. Gott möchte, daß wir ganz auf seiner Seite stehen, jederzeit bereit, uns seinem Licht auszusetzen und Buße zu tun, sobald uns sein Geist auf Schwachstellen und Ungehorsam hinweist. Nur so werden wir die Freude und die Kraft eines geisterfüllten Lebens kennenlernen und darin bestehen können.

Kapitel 8

Das eigene Ich

Ebenso unerläßlich wie die Frage nach der Sünde in unserem Leben ist die Frage nach unserem Eigenwillen. Gott beansprucht den ersten Platz, deshalb frage dich, ob du wirklich im Willen Gottes bist. Hast du alles an den Herrn Jesus ausgeliefert? Ist er der uneingeschränkte Herr deines Lebens? Bist du bereit hinzugehen, zu tun und zu sein, was er in seiner Weisheit bestimmt hat? Oder handelst du immer noch nach eigenem Ermessen? Wer hat die Herrschaft über dein Leben? Ist es dein größter Wunsch, dem Herrn zu gefallen? Von wem läßt du dich in deinen Entscheidungen und Handlungen bestimmen?

Dies sind Fragen, denen du dich stellen mußt. Solltest du bei ehrlicher Prüfung irgendeine Neigung zur Eigenmächtigkeit bei dir feststellen, dann bekenne das dem Herrn und ruhe nicht eher, bis du radikal alle eigenen Absichten und Pläne aufgegeben hast. Bevor du nicht bereit bist, dem Geist Gottes in jeder Hinsicht gehorsam zu sein, ist es zwecklos, um die Fülle des Heiligen Geistes zu bitten. Du wärest unbrauchbar für den Dienst. Gott braucht Menschen, die sich formen lassen wie der Ton vom Töpfer, Menschen, die ihm gehorchen (Apostelgeschichte 5,32).

Manchmal dauert es sehr lange, bis wir zerbrochen

sind. Wir sind so daran gewöhnt, unseren eigenen Vorstellungen zu folgen, daß wir uns dem Willen eines anderen nicht unterordnen wollen. Die Maßnahmen des Zerbruchs, die unser Herr dann manchmal anwenden muß, können sehr schmerzhaft sein. Doch auch das entspringt seiner Fürsorge. Wir bekennen uns vielleicht zu Jesus, lassen uns aber nicht von ihm gebrauchen, weil unser Eigenwille ständig im Weg ist. Je eher wir deshalb bereit sind, uns zerbrechen zu lassen, und zwar ohne Vorbehalt, desto eher wird Gott uns gebrauchen können. Welchen Zweck hätte es, uns mit dem Heiligen Geist zu erfüllen, wenn wir diesem Geist gar nicht gehorsam wären? Wie schnell hätten wir ihn betrübt, und er zöge sich von uns zurück. Den Heiligen Geist bekommen wir, um Gottes Willen zu tun und nicht mehr unseren eigenen. Leider gibt es viele Christen, die jahrelang im Dienst des Herrn stehen, ohne zerbrochen zu sein. Sie tun ihre Arbeit ohne die Kraft und Leitung des Heiligen Geistes. Ich kann die Bedeutung dieser Tatsache nicht genug betonen: Solange dein Ich nicht zerbrochen ist, wirst du niemals die Fülle des Heiligen Geistes empfangen. Bist du aber dem Herrn wirklich hingegeben und ausgeliefert, wirst du Kraft empfangen. Warte darum vor ihm, bis er dich zerbricht. Dulde keine Halbheiten. Laß ihn ganze Arbeit tun. Und wenn der Herr dich als Fußabtreter gebrauchen will, dann habe auch dazu ein Ja. Hauptsache, es dient zu seiner Ehre, was du tust. In Römer 6,12 lesen wir: „Stellt euch selbst Gott zur Verfügung als Lebende aus den Toten." Du bist errettet, wiedergeboren, du hast das wahre Leben. Das bedeutet: du bist Gottes Eigentum, du gehörst ihm. Und er erhebt den Anspruch, dich auch wirklich ganz in Besitz zu nehmen. Willst du nicht darauf eingehen? Es ist wunderbar, sich völlig eins mit dem Willen Gottes zu wissen. Vielleicht mußt du darauf warten. Gib Gott Zeit, deinen Eigenwillen zu brechen, damit er dich füllen und gebrauchen kann.

Betrachten wir das Leben eines jungen Mannes, den Gott in seinen Dienst gerufen hat. Er weiß um den Ruf Gottes, doch sein gutbezahlter Beruf geht ihm vor. „Wenn ich 5000 Dollar verdiene, bin ich bereit zu gehen", wendet er ein. Doch der Herr will ihn jetzt gebrauchen. So betet er umsonst um die Fülle des Geistes. Als er die ersten 5000 Dollar verdient hat, denkt er schon an die nächsten 5000, und so geht es immer weiter. Der Reichtum verblendet ihn derart, daß es zu keiner völligen Lebensübergabe kommt. Doch Gott, der sich nicht spotten läßt, sorgt schließlich dafür, daß der junge Mann auf einen Schlag alles verliert. Völlig mittellos und restlos am Ende tut er endlich Buße. Der Herr vergibt ihm, und er empfängt die Fülle des Heiligen Geistes, als er bereit ist, Gottes Willen für sein Leben zu akzeptieren und den Plan zu erfüllen, den der Herr für ihn vorgesehen hat.

Kapitel 9

Der Glaube

Gott ist eher bereit zu geben, als du bereit bist zu empfangen. Die nächste wichtige Voraussetzung für die Fülle des Heiligen Geistes ist also der Glaube. Es wird nicht von dir erwartet, verzweifelt zu kämpfen und zu warten. Du brauchst nur zu nehmen. Nachdem du das getan hast, spürst du vielleicht keinerlei Unterschied. Du erlebst nichts Besonderes. Du hast keinen Beweis außer Gottes Wort; doch gibt es etwas Verläßlicheres, auf das du bauen könntest? Gott ist treu. Wenn du das Deine getan hast und dein Leben wirklich rückhaltlos dem Herrn gehört, dann wird er deine Hingabe mit der Fülle seines Geistes belohnen. Verlaß dich darauf.

Dabei meine ich nicht die wunderbaren Geisteserfahrungen, wie sie Männern wie Wesley, Finney, Moody und anderen zuteil wurden. Ich denke vielmehr an ein neue, geistliche Ausrüstung oder Salbung vor jedem Dienst, den du in seinem Auftrag tust. Suche die Gegenwart des Herrn. Faste und bete, bis du neu erfüllt bist. Doch nicht als Ergebnis deiner eigenen Anstrengungen, sondern ganz einfach als Auswirkung des in dir wohnenden Geistes. Er tut das, was du nicht tun kannst, und offenbart sich dir nach dem Maß deiner Erkenntnis und Hingabe. Dann entspricht dein Leben dem normalen Christenleben, das Gott dir zugedacht hat.

„Werdet voll Geistes!“ (Epheser 5,18). Warum dieser Befehl? Weil Gott möchte, daß du mit seinem Geist erfüllt bist. Nicht du bist es, der mehr Heiligen Geist bekommen soll, sondern der Heilige Geist beansprucht mehr von dir; ja, er will dich ganz in Besitz nehmen. In einem alten Lied heißt es: „Ich wollt‘ ihn für mich nur benutzen, doch heute benutzet er mich.“ Genau das ist seine Absicht. Gott möchte dich so erfüllen, daß kein Platz für die Sünde bleibt. Er möchte dein Leben beherrschen und dir die Kraft einer neuen Liebe schenken. „Werdet voll Geistes!“ Was er verlangt, das ist möglich.

Es gibt in unseren Tagen viel Verwechslung zwischen Glaube und Gefühl. Nur schwer kann man suchenden Menschen begreiflich machen, daß der Glaube an Gottes Verheißung, sie mit seinem Geist zu erfüllen, ausreicht. Sie suchen nach einer greifbaren Bestätigung. Irgend etwas Außergewöhnliches muß sich ihrer Meinung nach ereignen, bevor sie mit Gottes Geist erfüllt werden.

Nun ist es allerdings so, daß der Herr oft besondere Offenbarungen seiner Gegenwart schenkt, wenn ein Christ, ein Neubekehrter zum Beispiel, geistlich abzurutschen droht. Sobald ein Christ aber im Glauben gewachsen ist, hören solche Gefühlserlebnisse weitgehend auf. Weshalb ist das so? Die Antwort ist einfach: Gott möchte, daß wir im Glauben und nicht im Schauen vorwärtsgehen. Der Schwache braucht sichtbare Hilfe, der im Glauben Erstarkte kann darauf verzichten. Laßt es mich an einem kleinen Beispiel verdeutlichen. Wenn ich während eines Vortrags plötzlich zum Pult greife, um mich daran festzuhalten, werdet ihr daraus schließen, daß ich mit einem Schwächeanfall zu kämpfen habe. Ich muß unbedingt etwas Festes haben, an das ich mich klammern kann. Aber dieser Wunsch entspringt meiner Schwachheit. Solange ich stark und kräftig bin, denke ich nicht an solche Stützen. Ich stehe fest und aufrecht auf meinen Füßen und fühle nichts Außergewöhnliches. Ein kleines Kind hat die Angewohnheit, sich an den Möbeln festzuhalten, wenn es laufen lernt. Sobald es aber sicher genug auf den Beinen steht, verzichtet es von selbst auf solche Stützen.

Meine Freunde, wenn wir immer nach Gefühlen und Empfindungen Ausschau halten, ist das ein Zeichen unserer Schwachheit. Wer geistliche Kraft besitzt, gibt sich damit zufrieden, auf Gottes Wort zu vertrauen und ihm zu glauben, ohne von Gefühlen abhängig zu sein. Der Vater freut sich, wenn seine Kinder im Glauben wandeln und nicht im Schauen.

Wenn ich nur predigte, wenn mir danach zumute ist, wäre ich nur selten im Dienst. Doch ich verlasse mich nie auf meine Gefühle. Wir alle sollen dahin kommen, daß wir von unseren Gefühlen unabhängig werden. Sie sind einfach zu wechselhaft und unbeständig, als daß man sich auf sie verlassen könnte.

Einmal wollte ich mit dem Schiff von Vancouver nach Victoria fahren. Ich saß an Bord und betrachtete die Passagiere, die mit mir unterwegs waren. Alles schien in Ordnung. Ich hatte meine Fahrkarte und würde in wenigen Stunden in Victoria ankommen. So dachte ich jedenfalls — bis der Kontrolleur kam. Schlagartig änderte sich die ganze Situation. Ich war auf dem falschen Dampfer! Dieser fuhr nach Seattle/Washington und nicht nach Victoria. Meine Gefühle hatten mich betrogen. Ich wähnte mich auf dem richtigen Schiff, war aber auf dem verkehrten. Erst das Wort des Schaffners gab mir darüber Gewißheit. Solange er nichts gesagt hatte, war ich mir meiner Lage nicht bewußt gewesen. Verstehen wir? Es geht um das Wort.

Ich kann nicht genug betonen, wie wichtig Gottes Wort für unser geistliches Leben ist. Sein Wort ist unwandelbar; es bleibt in Ewigkeit. „Die Schrift kann nicht aufgelöst werden", lesen wir in Johannes 10,35. Das gilt für unsere Errettung ebenso, wie für die Fülle des Heiligen Geistes. Deshalb: befasse dich mit den Bedingungen, richte dich danach, dann wird sich die Verheißung an dir erfüllen, auch wenn du nichts davon zu spüren scheinst. Du hast dich verändert, weil Gottes Wort es dir sagt. Wenn in Johannes 1,12 geschrieben steht, daß du Gottes Kind wirst, wenn du Jesus als deinen persönlichen Heiland annimmst, so weißt du, daß du sein Kind bist, wenn du den Schritt gewagt hast. Du weißt es, weil sein Wort es sagt, unabhängig von jedem Gefühl. Ebenso verhält es sich mit der Fülle seines Geistes. Wenn du dich dem Herrn rückhaltlos ausgeliefert hast, wenn du im Licht wandelst und nur das tust, was ihm gefällt, dann darfst du wissen, daß dein Leben voll Geistes ist. Du hast die Bedingungen erfüllt. Laßt es uns festhalten: Wir wandeln im Glauben und nicht im Schauen. Wir sollen es wagen, Gott zu vertrauen und uns fest auf seine Verheißungen stellen. Empfindungen und Erfahrungen, die auf unserem Gefühl basieren, sind kein Ersatz für Gottes Wort. Der Widersacher kann das Gefühl für seine Zwecke mißbrauchen, doch Gottes Wort ist unbestechlich. „Es steht geschrieben", ist Schutz in jeder Versuchung. Es kümmert mich nicht, wenn ich monatelang ohne besonderes Gefühl der Gegenwart Gottes bin. Wenn ich meinen Weg mit ihm gehe und mich im Zentrum seines Willens weiß, lebe ich in der Gewißheit, daß sein Geist in mir lebt. Und das ist genug.

Erinnern wir uns an den biblischen Bericht von dem herrlichen Erlebnis der drei Jünger Petrus, Jakobus und Johannes auf dem Berg der Verklärung. Vor ihren

Augen vollzog sich an Jesus eine Verwandlung. Sein Gesicht leuchtete wie die Sonne, und seine Kleider wurden strahlend weiß. Auf einmal sahen sie Mose und Elia bei Jesus stehen und mit ihm reden. Welch ein Erlebnis! Ist es da verwunderlich, daß Petrus, der Sprecher der Gruppe, vorschlug, an diesem herrlichen Ort drei Zelte aufzuschlagen? Sie wollten mehr solcher Offenbarungen. Ihr ganzes Leben lang sollten diese Höhenerlebnisse anhalten. Doch was geschah? In einem Augenblick, ebenso schnell wie es erschienen war, verblaßte das Licht, Mose und Elia verschwanden, und sie sahen niemand als Jesus allein. „Komm, Petrus", mag Jesus gesagt haben. „Dies war ein kurzer Blick in die Herrlichkeit Gottes. Doch dabei wollen wir nicht stehenbleiben. Es gibt viel zu tun, Petrus. Meine Botschaft gilt der ganzen Welt, allen, die irregeleitet und verloren sind. Komm, laß uns hinuntergehen! Am Fuß des Berges wohnt ein Mann, dessen Sohn von Dämonen besessen ist. Komm, wir müssen die Werke dessen tun, der uns gesandt hat, solange es Tag ist. Es kommt die Nacht, da niemand wirken kann!" Und so stiegen sie den Berg hinunter.

Das Licht war verblaßt, Gefühl und Erlebnis vergangen, aber Jesus blieb. „Siehe, ich bin bei euch alle Tage, bis an der Welt der Zeiten. Ich will dich nicht verlassen noch versäumen. Wie ich mit Mose war, so will ich mit dir sein." Ist diese Verheißung nicht besser als jedes Erlebnis?

Ihr Lieben, verlassen wir uns nicht mehr auf Gefühle! Gehen wir vielmehr unseren Weg im Gehorsam und tun wir, was der Herr von uns erwartet. Dann gilt auch uns die Verheißung seiner immerwährenden Gegenwart.

„Ja, aber — sind Gefühle denn nun völlig ausgeschlossen"? fragst du vielleicht. Natürlich nicht! Der

Herr beschenkt uns oft, wenn wir es am wenigsten erwarten. Er vergißt die Seinen nicht. Manches Mal wird er dich mit Segen überschütten, doch nicht, weil du dich besonders danach ausstreckst oder auf außerordentliche Offenbarungen wartest. Nein, er wird es tun, weil du seinen Willen tust und ihm vertraust. Das ist ein geistliches Gesetz: Gefühle kommen in der Regel während des Dienstes. Erlebnisse werden im Dienst gemacht. Du hast die Aufgabe, die frohe Botschaft weiterzutragen. Während du das tust, wird dich Gottes Geist beschenken und froh machen. Wie oft wurden Paulus besondere Offenbarungen zuteil!

Kapitel 10

Die Heiligung

Die Folge der Erfüllung mit dem Heiligen Geist ist ein geheiligtes und von der Sünde befreites Leben, das von göttlicher Liebe gekennzeichnet ist. In ihrer Lehre mögen Gottesmänner sich unterscheiden, doch alle haben die gleiche Erfahrung gemacht, die Erfahrung der persönlichen Befreiung von Sünde. Das ist nicht gleichbedeutend mit völliger Sündlosigkeit oder sündloser Vollkommenheit. Davon spricht die Bibel nicht. Sie spricht von Erlösung, Erlösung durch den in uns wohnenden Geist. „Gelöst hast du meine Fesseln" (Psalm 116,16). „Denn das Gesetz des Geistes des Lebens in Christus Jesus hat mich frei gemacht von dem Gesetz der Sünde und des Todes" (Römer. 8,2).

Der Heilige Geist erlöst und befreit. „Du bist gelöst von deiner Schwäche"! sagt Jesus zu der schwerkranken Frau (Lukas 13, Vers 12). Als Lazarus aus dem Grab herauskam, war er zwar lebendig, doch noch mit Grabtüchern umwickelt. Da befahl Jesus: „Macht ihn frei und laßt ihn gehen." Es gibt also ein Leben in der Freiheit, ein Leben im Überfluß. Um dieses Leben zu bekommen, müssen wir gelöst und befreit werden. Nicht durch eigene Anstrengungen. Das wäre zwecklos. Allein der Heilige Geist kann dieses Wunder in uns vollbringen.

„Jetzt aber, von der Sünde frei gemacht und Gottes Sklaven geworden, habt ihr eure Frucht zur Heiligkeit", schrieb Paulus an die Christen in Rom (Römer 6,22). Doch auch er kam an den Punkt, wo er sein eigenes Versagen bekennen mußte: „Denn nicht, was ich will, das tue ich, sondern was ich hasse, das übe ich aus!" „Ich elender Mensch! Wer wird mich erlösen?" (Römer 7,24). Was er später erfuhr, sah ganz anders aus. Seine Briefe zeigen uns einen erneuerten Menschen, der in der Kraft des Heiligen Geistes über frühere Gebundenheiten triumphieren konnte. Die Fülle des Geistes, die der Herr ihm schenkte, befähigte ihn schließlich zu einem geheiligten Lebenswandel.

In Hesekiel 36,26 lesen wir als Weissagung für das Volk Israel: „Ein neues Herz will ich dir geben." Ich möchte den Begriff „Heiligung" deshalb auch in dieser Weise vereinfachen und von dem neuen Herzen sprechen, das Gott uns gibt. Von Saul wird berichtet: „Da gab ihm Gott ein anderes Herz" (1. Samuel 10,9). Alles im Alten Testament hat eine geistliche Bedeutung und enthält eine besondere Lektion für uns.

Betrachten wir zunächst die Beschaffenheit dieses neuen Herzens. Wie sieht es aus?

1. **Es ist rein.** „Schaffe in mir, Gott, ein reines Herz" (Psalm 51,10). David hatte erkannt, wie sein Herz beschaffen war. Er erlebte an sich selbst, was Jeremia in Kapitel 17,9 so beschrieb: „Trügerisch ist das Herz, mehr als alles, und unheilbar ist es." Deshalb betete er um ein reines Herz, und Gott, der selbst den Anstoß zu diesem Gebet gegeben hatte, erhörte ihn. „Glückselig, die reinen Herzens sind, denn sie werden Gott schauen" (Matthäus 5,8). Wer also Unreinheit in seinem Herzen duldet, der wird Gott nicht schauen. Gott offenbart sich ihm nicht. Doch welche Freude und

Seligkeit für den, dem Gott ein reines Herz schenkt! Leider ist es so, daß auch mancher Christ eine solche Vollreinigung nötig hätte, damit geschieht, was uns in Apostelgeschichte 15,9 bezeugt wird: „Gott reinigte ihre Herzen durch den Glauben."

2. **Das neue Herz ist zerschlagen und bußfertig.** Ein geängstetes und zerschlagenes Herz wirst du, Gott, nicht verachten" (Psalm 51,17). Gott kann uns nicht richtig gebrauchen, solange unser Herz nicht zerbrochen ist. Wie lange mag es her sein, daß du zuletzt über deine Sünde geweint hast? Haben wir ein weiches, zerbrochenes Herz? Wenn nicht, ist unser geistliches Leben in Gefahr, denn: „Nahe ist der Herr denen, die zerbrochenen Herzens sind, und die zerschlagenen Geistes sind, rettet er" (Psalm 34,19).

3. **Es ist sanftmütig und demütig.** „Ich bin sanftmütig und von Herzen demütig", sagte Jesus von sich (Matth. 11,29). Stolz ist Gott ein Greuel. Er hat versprochen, den Demütigen zu segnen und den Bescheidenen zu belohnen (1. Petrus 5,5). Auch wir sollten uns deshalb vor ihm demütigen.

4. **Es ist geheiligt.** In einem solchen Herzen wohnt der Heilige Geist. Gott schenkt etwas so Umfassendes wie „Heiligkeit" nicht ohne seinen Geist. Nur wenn der Heilige Geist in uns wohnt und uns regiert, sind wir in der Lage, ein geheiligtes Leben zu führen. Heiligung ohne den, der heiligt, ist undenkbar.

5. **Es ist lauter und geistlich ausgerichtet.** Wenn das Herz wirklich geistlich ist, kann es nicht mehr fleischlich sein. Paulus sagt zu den Galatern: „Ihr, die ihr geistlich seid" (Galater 6,1). Das ist Gottes Ziel auch

mit uns. Er möchte, daß wir ein geistliches Leben führen, das nicht mehr von unserer alten fleischlichen Natur bestimmt ist. „Des Herrn Augen durchlaufen die ganze Erde, um denen treu beizustehen, deren Herz ungeteilt auf ihn gerichtet ist" (2. Chronik 16,9). Es mögen wenige sein, die dem Herrn so völlig ergeben sind, doch nur ihnen kann er sich als der starke Helfer erweisen.

6. **Es ist aufrichtig und verständig.** „Laßt uns hinzutreten mit wahrhaftigem Herzen" (Hebräer 10,22). Gott möchte unbedingte Aufrichtigkeit. Ihm ist jede Art von Unwahrhaftigkeit zuwider. „So gib denn deinem Knecht ein gehorsames Herz, zu unterscheiden zwischen Gut und Böse", erbat Salomo von Gott (1. Könige 3,9). Es gibt kein wahres Unterscheidungsvermögen zwischen Gut und Böse, solange der Herr uns nicht erleuchtet. Heiliges und Profanes werden kritiklos vermischt und nicht mehr unterschieden. Deshalb brauchen wir ein verständiges Herz. Dinge, die wir uns früher erlaubten, duldet der Heilige Geist nicht mehr.

7. **Es ist dem Herzen Gottes ähnlich.** In unserer alten Natur ist kein Raum für Vollkommenheit. Das alte Herz läßt sich nicht flicken. Gott muß es völlig erneuern, damit unser Leben künftig von seinem göttlichen Wesen bestimmt wird. „Gib mir ein Herz wie deins", heißt es im Refrain eines alten Kirchenliedes. Sollten wir uns dies Gebet nicht zu eigen machen?

8. **Es ist von Sünde befreit.** „Von der Sünde frei gemacht", sagt Paulus. Und weiter: „Denn wer gestorben ist, ist freigesprochen von der Sünde" (Römer 6,22; 7). Sind wir wirklich frei geworden? Oder dul-

den wir noch unreine Gedanken in uns? Machen uns Bitterkeit und Groll zu schaffen? Werden wir leicht zornig? Suchen wir bei anderen nach Fehlern? Haben wir unfreundlich über andere gesprochen? Sind wir nachtragend? Reagieren wir beleidigt, wenn andere schlecht über uns reden, uns kritisieren und unsere Fehler heraussstellen? Wenn ja, sind wir noch nicht wirklich frei von der Sünde.

9. **Es haßt jede Art von Sünde.** „Die ihr den Herrn liebt, hasset das Böse" (Psalm 96,10). Es gibt nur einen Weg, die Sünde zu hassen, und das ist der Wunsch, sie loszuwerden; mit anderen Worten: Gott über alles zu lieben. Bei dem Wort „Sünde" denke ich nicht an schwerwiegende Übertretungen, die jeder achtbare Mensch als Sünde definieren und verabscheuen würde. Nein, ich denke an gewisse Gebundenheiten, Lieblingsgötzen etwa, von denen sich selbst ein Christ schwer trennen kann. Auch diese müssen aufgegeben werden. Stellen wir uns ganz auf die Seite Gottes. Denn das fleischliche Herz, der alte kreatürliche Mensch, liebt die Sünde. Das neue Herz verabscheut sie.

10. **Es ist mit göttlicher Liebe erfüllt.** Ein Schriftgelehrter kam eines Tages zu Jesus und fragte ihn: „Welches Gebot ist das erste von allen?" Jesus antwortete ihm: „Du sollst den Herrn, deinen Gott, lieben aus deinem ganzen Herzen und aus deiner ganzen Seele und aus deinem ganzen Verstand und aus deiner ganzen Kraft." Das erstaunte den Schriftgelehrten, so daß er entgegnete: „Das ist viel mehr als alle Brandopfer und Schlachtopfer" (Markus 12,30-33). Mit anderen Worten, es wurde ihm bewußt, daß der Herr Unmögliches verlangte. Kein Mensch wäre in der Lage, ein

solches Gebot einzuhalten und Gott mit dieser Ausschließlichkeit zu lieben. Eine übernatürliche Kraft wäre dazu erforderlich, das sah er ganz klar. Deshalb sagte Jesus auch zu ihm: „Du bist nicht fern vom Reich Gottes." Der Schriftgelehrte hatte recht. Auch wir, meine Freunde, müssen ein neues Herz bekommen, ein Herz voll göttlicher Liebe, in dem Ichhaftigkeit und Eigennutz keinen Platz mehr haben. Nur der Heilige Geist kann uns befähigen, Gott über alles zu lieben und unseren Nächsten wie uns selbst.

11. **Es ist erfüllt von Frieden, Ruhe, Freude, Lob und Anbetung.** „Werdet voll Geist, indem ihr zueinander in Psalmen und Lobliedern und geistlichen Liedern redet und dem Herrn in eurem Herzen singt und spielt" (Epheser 5,19). Der Friede, der höher ist als alle Vernunft, Ruhe für unsere Seele, überwältigende Freude — das alles wird nur erfahren, wenn das Herz des Menschen völlig erneuert und mit dem Heiligen Geist erfüllt ist. Unserem natürlichen Menschen ist Lobpreis und Anbetung fremd. Sobald wir aber ein geistliches Herz empfangen, erscheinen uns unsere natürlichen Kräfte zu begrenzt, um dem Lobpreis und der Anbetung, die in uns aufbrechen, Ausdruck zu verleihen.

12. **Es ist auf unvergängliche Werte ausgerichtet.** Wenn ihr nun mit Christus auferweckt worden seid, so sucht, was droben ist. Sinnt auf das, was droben ist, nicht auf das, was auf der Erde ist" (Kolosser 3,1-2). Das ist wirklich erfahrbar, meine Freunde. Ihr werdet merken, daß eure Liebe, eure Gedanken, euer Wünschen und Trachten ewigen, unvergänglichen Dingen gelten. Die Zielrichtung hat sich geändert. Politik, Tagespresse, zeitgenössische Literatur und Börsennach-

richten sind nicht mehr unentbehrlich. Dinge, um die sich die Welt zu drehen scheint, bewegen uns nicht mehr. In den Tagebüchern bekannter Gottesmänner, wie John Wesley, lesen wir nur sehr wenig von den großen Weltereignissen ihrer Zeit. Ihr Leben vollzog sich auf einer anderen Ebene und war ausgerichtet auf ewige Werte. Diese Blickrichtung ist immer ein Geschenk des Heiligen Geistes. Der natürliche Mensch ist irdisch gesinnt; er strebt nach dem, was sichtbar ist.

13. **Es ist ganz von Christus eingenommen.** Der Heilige Geist will Jesus verherrlichen. Wenn er also in einem Herzen wohnt, ist es nur natürlich, daß alles Streben und Denken sich um Jesus dreht. Die Dinge dieser Welt verlieren ihre Anziehungskraft, sobald wir den Blick auf Jesus richten. Nur er allein kann uns wahrhaft befriedigen.

14. **Es brennt für Verlorene.** Wie könnte es anders sein? Wenn Gott uns mit einem neuen Herzen, seinem göttlichen Wesen, beschenkt hat, dann werden wir — wie er — um Seelen eifern. Nichts in der Welt wird uns so beglücken wie die Rettung verlorener Menschen. Unsere ganze Kraft werden wir dafür einsetzen. Wenn Menschen in unseren Versammlungen nicht zum Herrn finden, wird uns das keine Ruhe lassen. Wir werden unentwegt kämpfen, bis Gott Änderungen schenkt. Auch bei Paulus und vielen anderen Gottesmännern nach ihm war es der Eifer um die Seelen Verlorener, die ihnen in allen Bedrängnissen Kraft zum Leiden, Kämpfen und Beten gab.

15. **Es kennt Gott und glaubt seinen Verheißungen.** „Ich gebe ihnen ein Herz, mich zu erkennen, daß ich der Herr bin: denn sie werden mit ihrem ganzen Her-

zen zu mir umkehren“ (Jeremia 24,7). Wir wissen vielleicht manches über Gott. Wir glauben vielleicht auch an ihn, weil andere ihn uns bezeugt haben, doch niemals lernen wir ihn ganz persönlich und praktisch kennen, solange wir nicht die Fülle seines Geistes empfangen haben. Dann erst werden seine Verheißungen für uns zur Wirklichkeit, und der Glaube ist in der Lage, nach dem Unsichtbaren zu greifen. Was wir brauchen, ist eine lebenspendende Herzenserfahrung, eine Erfahrung, die uns mit Gott selbst in Berührung bringt. Dann werden wir wirklich wissen, wer dieser Gott ist, dem wir unser Vertrauen geschenkt haben.

So also ist dieses neue Herz beschaffen. Wozu es dienen soll, finden wir in Hesekiel 36,23 beschrieben: „Die Nationen werden erkennen, daß ich der Herr bin, wenn ich mich vor ihren Augen an euch als heilig erweise.“ Und weiter heißt es in Hesekiel 35,11: „Ich werde mich ihnen zu erkennen geben, wenn ich dich gerichtet habe.“ Bevor wir nicht selbst ein geheiligtes Leben in der Kraft des Heiligen Geistes führen, werden sich Menschen durch uns nicht zum Herrn bekehren. Sie werden erst dann auf uns aufmerksam, wenn unser Leben ganz dem Herrn gehört. Herodes zitterte vor Johannes, weil er wußte, er steht einem Mann Gottes gegenüber.

Das Geheimnis des neuen Herzens wird uns in Hesekiel 36,27 erklärt: „Ich werde meinen Geist in euer Inneres geben.“ Der Heilige Geist ist die wirkende Kraft. Durch ihn geschieht es, daß wir zu Menschen nach dem Herzen Gottes werden. Weder durch eigene Anstrengung, noch durch den Einsatz unseres Willens werden wir zu neuen Menschen. Es ist und bleibt ein Geschenk Gottes für alle, die sich ihm anvertrauen. Sein Heiliger Geist schafft das Gelingen.

Die Notwendigkeit der Herzensänderung wird ebenfalls in Hesekiel 36,27 herausgestellt: „Ich werde meinen Geist in euer Inneres geben, und ich werde machen, daß ihr in meinen Ordnungen lebt und meine Rechtsbestimmungen bewahrt und tut.“ Paulus versuchte es aus eigener Kraft und versagte. Vielen ist es ähnlich ergangen. Solange wir meinen, daß Gott uns ohne die Kraft seines Geistes Gelingen schenkt, werden wir kläglich versagen. Erst wenn wir unsere völlige Hilflosigkeit gegenüber den Angriffen des Feindes einsehen und unser elendes, verzweifeltes Ich ganz dem Herrn überlassen, wird uns Gott befreien und uns das in Hesekiel versprochene neue Herz und die Fülle seines Geistes schenken. Dann erst werden wir in der Lage sein, gottgefällig zu leben und sein Wort zu befolgen, so daß wir den Heiligen Geist nicht mehr betrüben. Dem Herrn gebührt die Ehre. Das wird dann unser Zeugnis sein.

Frage dich selbst, mein Freund: Hast nicht auch du immer wieder versagt? War dein Leben nicht ein einziges Auf und Ab zwischen Sieg und Niederlage? Wie oft hast du versucht, den alten Menschen in dir zu besiegen! Monatelang ging es vielleicht gut. Du freutest dich über deinen Sieg. Doch dann, unerwartet, nahte der Feind und ließ dich stolpern. Wieder machtest du dem Herrn Unehre.

Es tat dir leid. Zerknirscht batest du um Vergebung, du gelobtest Besserung. Du rühmtest das Blut Jesu und nahmst seine Vergebung an. Endlich frei, magst du gedacht haben. Doch bald mußtest du feststellen, daß die alten Bindungen nicht völlig gelöst waren. Lange Zeit mögen sich die Angriffe auf deine Gedankenwelt beschränkt haben; du warst überzeugt, die Einflüsterungen Satans könnten nie zur Tat werden. Doch in einem unbewachten Augenblick geschah es doch. Wie magst du als Gotteskind darunter gelitten und verzweifelt nach Kraft gesucht haben, um solchen Versuchungen dauerhaft zu widerstehen.

Gott sei Lob und Dank — diese Kraft ist da für dich! Die Fülle des Heiligen Geistes wird dich befähigen, der Sünde zu widerstehen und gänzlich frei zu werden. Gott wird dich auf eine höhere Ebene führen, eine Ebene, so schön und so weit von der Anziehungskraft dieser Welt entfernt, daß du nie mehr dorthin zurückkehren möchtest.

Kapitel 11

Der Beweis der Erfüllung mit dem Heiligen Geist

Was ist der Beweis für die Erfüllung mit dem Heiligen Geist? Woher wissen wir, daß wir geisterfüllte Menschen sind? Gibt es irgendein Beweismittel, das uns Klarheit darüber verschaffen kann? Ja, mit Sicherheit. Wenn du aufmerksam gelesen hast, was in diesem Buch über Sinn und Zweck der Erfüllung mit dem Heiligen Geist geschrieben steht, dann wirst du mir zustimmen, wenn ich behaupte, daß der Beweis dieser Erfüllung das Erreichen ihrer Zweckbestimmung ist: Sieg über Sünde und Kraft zum vollmächtigen Dienst.

Welchen Beweis hatte Elisa, daß er wirklich die doppelte Geisteskraft Elias erhalten hatte? War es irgendein ekstatisches Gefühl, ein besonderes Erlebnis? Nein, nichts dergleichen. Der Beweis, daß er nun die geistliche Vollmacht des Elia besaß, zeigte sich, als er in der Lage war, mit dem Mantel Elias die Wasser des Jordans zu zerteilen, wie es zuvor Elia getan hatte. Wir sehen, der Beweis kommt immer im Dienst.

Erwarten wir nicht, daß wir genau die gleichen Erfahrungen machen wie dic Apostel. Gottes Wort sagt uns nirgendwo, daß wir Erfahrungen machen müssen wie sie. Von uns wird lediglich erwartet, uns nach ihrer Lehre zu richten. Viele gehen in die Irre, weil sie sich nach speziellen Erlebnissen ausstrecken, anstatt sich fest auf Gottes Wort zu stellen. Die Apostel hatten Erlebnisse, die wir nicht haben werden. Umgekehrt machen wir vielleicht Erfahrungen, die ihnen versagt blieben. Gottes Geist arbeitet individuell und nicht nach einem bestimmten Muster.

Die wichtigste Frage lautet deshalb für uns: Habe ich Kraft? Herrsche ich über die Sünde, und verfüge ich über Vollmacht im Dienst? Kann ich das bejahen, so habe ich ein geisterfülltes Leben. Wenn nicht, fehlt mir diese Erfahrung noch. Meine Gaben und Erfolge, auch meine geistlichen Höhenerlebnisse zählen nicht. Worauf es ankommt, ist ein Leben im Sieg über die Sünde, ein Leben in Vollmacht. Ist diese Kraft nicht vorhanden, lebe ich nicht in der Fülle des Geistes.

Es gibt natürlich noch andere Beweise für die Fülle des Heiligen Geistes: ein vorher nie gekanntes Gefühl der Nähe Gottes, neue Freiheit im Gebet und im Zeugnis vor anderen, unaussprechliche Freude in der Verherrlichung Gottes, und die Sehnsucht, ihm durch ein geheiligtes Leben immer mehr zu gefallen. Uneigennützige, göttliche Liebe erfüllt unser Herz und die Dinge dieser Welt verlieren ihre Anziehungskraft. Dies alles wird uns in mehr oder weniger großem Umfang zuteil, wenn wir die Fülle des Heiligen Geistes empfangen.

„Er teilt aus, wie er will." Sehr verschieden wird uns die Erfüllung mit dem Heiligen Geist bezeugt. Einige sprechen von einer nie gekannten, überwältigenden Freude, andere von Empfindungen, die sie wie elektrischer Strom durchfluteten. Wenn je ein Mann voll Geistes war, dann Charles G. Finney. Er empfing keine so augenscheinliche Gabe wie Krankenheilung oder Zungenreden. Dessen ist man sich sicher. Ihm wurden aber Empfindungen geschenkt, die an elektrischen Strom erinnerten. Was aber wesentlich wichtiger war: er hatte augenblicklich Kraft für den Dienst. Wer ihm begegnete, den überzeugten seine Worte. Überall kam es zu Erweckungen; Tausende von Menschen fanden durch ihn den Herrn und wurden errettet.

„An ihren Früchten sollt ihr sie erkennen", sagt uns Gottes Wort. Was ist denn die Frucht eines geisterfüllten Lebens? Was verstehen wir unter Frucht des Geistes? Lesen wir dazu Galater 5,22-23: „Die Frucht des Geistes aber ist: Liebe, Freude, Friede, Langmut, Freundlichkeit, Güte, Treue, Sanftmut, Enthaltsamkeit." Die Liebe ist die größte aller Gaben, sagt Paulus in 1. Korinther 13. „Wenn ich Weissagung habe und alle Geheimnisse und alle Erkenntnis weiß und wenn ich allen Glauben habe, so daß ich Berge versetze, aber keine Liebe habe, so bin ich nichts" (1. Korinther 13, Vers 2). Was wir in der heutigen Zeit nötiger haben als alles andere, ist diese göttliche Liebe. Eine Liebe, die bedingungslos allen gilt: den liebenswerten Menschen ebenso wie den unsympathischen, Freunden und Feinden. Diese Liebe als Frucht des Geistes ist Voraussetzung für jeden christlichen Dienst. Warum interessieren sich so wenige für die Botschaft? Weil die Botschafter versagen. Bekanntlich lassen sich mit einem Teelöffel Zucker mehr Fliegen fangen als mit einem Faß voll Essig. Mit Härte gewinnt man keine Herzen. Zeigen wir doch den Ungläubigen die göttliche Speisekarte. „Die Frucht des Geistes ist Liebe, Freude, Frieden." Das braucht die Welt! Bitten wir den Herrn deshalb um die Fülle seines Heiligen Geistes, damit die Freude und der Friede Gottes unserem Leben abzuspüren sind. Wir sind sozusagen Gottes Ausstellungsstücke. An uns muß die Welt das Wesen Jesu erkennen können. Sind wir langmütig und geduldig, oder lassen wir uns von Menschen aus der Ruhe bringen? Sind wir zu Hause ebenso sanftmütig wie in der Öffentlichkeit? Oder sind wir hart und streng? In Epheser 4,15 lesen wir: „Laßt uns die Wahrheit sagen in Liebe." Vergessen wir das nicht. Liebe ist der wichtigste Gradmesser unseres Christseins. Wir können fest im Glauben gegründet sein und doch so predigen und handeln, daß niemand für das Evangelium gewonnen wird. Auch die Pharisäer waren strenggläubig.

Ich erinnere mich an einen Mann, der so beten konnte, wie ich es niemals zuvor erlebt hatte. Da er jedoch mit anderen streng ins Gericht ging und sie kritisierte, zog es niemanden zu ihm. Nur er hatte immer recht. Niemand war so gerecht und in der Wahrheit bewandert und niemand so erleuchtet wie er. Er war überheblich und heftig in seinen Reaktionen gegenüber allen, die nicht seiner Meinung waren. Konnte ein solches Verhalten aus dem Heiligen Geist kommen? Natürlich nicht. Sanftmut, Freundlichkeit und Liebe sind unentbehrliche Voraussetzungen für den Dienst.

Kapitel 12

Das geisterfüllte Leben

Für mich gehört das Leben von Samuel Morris, dem afrikanischen Zeugen aus dem Kru-Stamm, zu den hervorstechendsten Beispielen eines geisterfüllten Lebens. Ich kann den Segen nicht beschreiben, den ich aus seiner Biographie empfing. Sammy Morris weckte in mir eine nie gekannte Sehnsucht nach ähnlichen geistlichen Erfahrungen. Viele werden so empfunden haben wie ich, deshalb nachfolgend eine kurze Beschreibung seines Lebens, wie sie uns der New Yorker Philanthrop, Stephen Merritt, hinterlassen hat:

Samuel Morris war in einem Kral in Afrika aufgewachsen. Als ich ihn kennenlernte, war er ungefähr 20 Jahre alt und wohnte in Liberia, wo er bei englischsprechenden Leuten als Anstreicher beschäftigt war. Hier fand er den Herrn.

Ein junges Mädchen aus dem Westen der USA wurde von Bischof Taylor als Missionarin nach Liberia ausgesandt. Ich hatte sie als Sekretär des Bischofs zu empfangen. Da ich mehr vom Heiligen Geist gehört und seine Kraft für mich in Anspruch genommen hatte, bezeugte ich dem jungen Mädchen meine Erfahrungen. Wenn auch sie die Fülle des Heiligen Geistes empfinge, würde sie von Krankheit, Einsamkeit und

Erschöpfung verschont bleiben, sagte ich ihr. Der Herr wäre ihre Stärke, ihr Trost und ihre Weisheit und ihr Leben würde im dunklen Afrika zu einem hellen Licht werden. Sie lauschte aufmerksam, und Gott antwortete auf das Sehnen ihres Herzens. Sie verließ uns als neuer Mensch, angetan mit der Kraft des Heiligen Geistes.

Den anderen Mitarbeitern war das Verhalten der jungen Missionarin unverständlich. Sie hielt sich abseits, vermißte ihre Gemeinschaft nicht, sprach, weinte und lachte, wenn sie allein war. Kurz, es schien, als hätte sie in der Heimat ihren Liebsten zurückgelassen. In Wahrheit war es der Herr, der sie segnete und sie in ihrem Dienst froh und glücklich sein ließ, daher ihr für die Mitarbeiter seltsames Verhalten.

Ein schwarzer Junge namens Samuel Morris hörte von ihrer Ankunft und lief viele Stunden, um mit ihr über Jesus zu sprechen. Gottes Geist gab der jungen Frau ein, wie sie Samuel begegnen sollte. Dieser war so bewegt, daß auch er sein Leben völlig ausliefern und mit der Kraft des Heiligen Geistes erfüllt sein wollte. Viele Begegnungen und Gespräche zwischen den beiden folgten. Schließlich sagte die Missionarin: „Wenn du jetzt noch mehr über den Heiligen Geist wissen willst, dann gehe zu Stephen Merritt. Von ihm habe ich das gehört, was ich dir gesagt habe." „Das werde ich tun!" lautete seine Antwort. „Wo finde ich ihn?" Lachend antwortete die Missionarin: „In New York." Sie hielt seine Frage für einen Scherz, wurde aber eines anderen belehrt. Samuel machte sich auf den Weg. Nach langen beschwerlichen Märschen erreichte er schließlich eine Stelle an der Küste, von wo er sich einzuschiffen hoffte. Ein Segelschiff warf in einiger Entfernung Anker und schickte ein kleines Boot an Land. Samuel ließ sich zum Kapitän bringen und bat, ihn mit nach New York zu nehmen. Mit einem

Tritt und üblen Verwünschungen wurde er abgewiesen. Doch Samuel sagte nur: „Und Sie werden mich doch mitnehmen!“ Die Nacht verbrachte er auf dem Sand am Ufer, um es am nächsten Morgen wieder zu versuchen. Auch dieses Mal ohne Erfolg. Doch Samuel ließ nicht locker. Schließlich, da zwei Seeleute desertiert waren und der Kapitän nur einen gesunden Arm hatte, fragte dieser ihn nach seinen Fähigkeiten. „Ich kann alles“! war Samuels Antwort. In der Meinung, es mit einem tüchtigen Seemann zu tun zu haben, fragte ihn der Kapitän: „Was verlangst du?“ und dachte an Samuels Gehaltsvorstellungen. „Daß ich zu Stephen Merritt komme“, entgegnete Samuel. Da gab der Kapitän Befehl, den jungen Mann an Bord zu bringen.

So gelangte er auf das Schiff, ohne die geringste Ahnung von der Seefahrt zu haben. Der Anker wurde gelichtet, und fort war er. Seine völlige Unkenntnis sollte ihm noch manchen Ärger und manchen Fußtritt einbringen, doch Samuel blieb bei alledem voll Frieden und Gelassenheit. Sein Gottvertrauen war so unerschütterlich und überzeugend, daß der Kapitän seinen Widerstand aufgab und sich bekehrte. Samuel sollte für eine reine Kajüte sorgen, doch der Herr benutzte ihn, um dem Kapitän ein reines Herz zu schenken. Das hatte weitreichende Folgen. Ungefähr die Hälfte der Besatzung fand zum Herrn, so daß das Schiff bald zu einem Ort des Lobpreises und der Anbetung wurde. Schließlich war ihr Ziel erreicht. Nachdem man sich ausgiebig verabschiedet hatte, verließ Samuel das Schiff in New York, in der Hand eine Tasche mit Kleidung, die die Mannschaft für ihn bereitgestellt hatte. (Er war nämlich ohne Schuhe, nur mit einem Pullover und einem Arbeitsanzug bekleidet, an Bord gekommen.) Kaum an Land, wandte er sich an den erstbesten, der ihm begegnete, und fragte ihn nach Stephen Merritt. Nun war es sehr unwahrscheinlich, daß mich hier jemand kannte, doch der Heilige Geist hatte Vorsorge getroffen: der Mann kannte mich tatsächlich.

„Er wohnt in der 8. Avenue, am anderen Ende der Stadt. Für einen Dollar bringe ich dich hin", sagte er zu Samuel. „In Ordnung", erwiderte dieser, obwohl er nicht einen einzigen Cent in der Tasche hatte. Die beiden kamen am Geschäft an, als ich gerade fortgehen wollte, um mich mit Geschwistern zum Gebet zu treffen. „Da ist er", sagte der Landstreicher, der ihm den Weg gewiesen hatte und zeigte auf mich. Da kam Samuel auf mich zu und sagte geradewegs: „Stephen Merritt? — Mein Name ist Samuel Morris; ich bin gerade aus Afrika gekommen, um mit Ihnen über den Heiligen Geist zu sprechen." „Haben Sie einen Empfehlungsbrief"? fragte ich überrascht. „Nein, so lange konnte ich nicht warten", war Samuels Antwort. Ich erklärte ihm daraufhin, daß ich zu einer Gebetsversammlung müßte. Er möge doch so lange nebenan im Missionshaus auf mich warten. Ich würde mich dann später um ihn kümmern. „He, wo bleibt mein Dollar"? ertönte da plötzlich die Stimme des Landstreichers." „Stephen Merritt wird sich von jetzt an um meine Geldangelegenheiten kümmern", sagte Samuel. „O, selbstverständlich", hörte ich mich sagen, als ich ihm den Dollar in die Hand drückte.

Ich ging also in die Gebetsversammlung und Samuel ins Missionshaus, wie verabredet. Doch erst, als ich gegen halb elf den Schlüssel in meine Haustür steckte, fiel mir der junge Afrikaner wieder ein. Sofort eilte ich hinüber ins Nachbarhaus. Was ich sah, übertraf alle meine Vorstellungen. Samuel, voll Heiligen Geistes, stand wie eine Statue aus Ebenholz auf dem Podium. Er hatte soeben siebzehn Männern Jesus Christus bezeugt, und diese knieten nun neben ihm und lobten Gott für die erfahrene Vergebung.

Stell dir das vor: ein Afrikaner, ohne Kultur und Ausbildung, ungeschlacht und unbeholfen, gewinnt in der Kraft des Heiligen Geistes gleich am ersten Abend nach seiner Ankunft in Amerika Seelen für seinen Herrn! Welch ein Sieg! Jetzt war es kein Problem mehr, mich um ihn zu kümmern, hatte ich doch offensichtlich einen Mann Gottes vor mir. Geschehen war das alles an einem Freitag. Den Samstag über blieb Samuel bei mir. Am Sonntag sagte ich dann zu ihn: „Samuel, ich möchte gern, daß du mich in die Sonntagsschule begleitest." „Ich als Superintendent in einer Sonntagsschule", entgegnete Samuel, „aber in Ordnung, ich komme mit." Lächelnd stellte ich ihn vor als einen gewissen Samuel Morris, der extra aus Afrika gekommen war, um mit ihrem Superintendenten über den Heiligen Geist zu sprechen. Alles lachte, und ich verstand nicht, was Samuel antwortete. Als er dann aber richtig zu reden begann, nahm er sofort meine ganze Aufmerksamkeit gefangen. Unseren jungen Leuten war es offensichtlich ebenso ergangen. Als ich aufschaute, sah ich viele von ihnen vorne am Altar, wo sie sich unter Weinen und Schluchzen dem Herrn auslieferten. Ich habe nie in Erfahrung bringen können, was Samuel an jenem Morgen sagte, aber das eine weiß ich: die Kraft des Heiligen Geistes war uns so spürbar nahe, daß der gesamte Raum mit der Herrlichkeit Gottes erfüllt war.

Die jungen Leute gründeten daraufhin die „Samuel Morris Missionsgesellschaft". Sie stellten Geld, Kleidung und alles übrige zur Verfügung, was nötig war, damit Samuel an der Bischof William Taylor Universität in Fort Wayne, Indiana, studieren konnte. Die Tage, die ich bis zu seiner Abreise dorthin mit ihm verbrachte, sind mir unvergeßlich. Ich mußte in Harlem eine Beerdigung halten. So nahm ich ihn in der Kutsche mit, die von einem Gespann prächtiger Pferde gezogen wurde. „Laß mich dir etwas von unserer Stadt und vom Central Park zeigen", sagte ich zu ihm. Samuel hatte nie in seinem Leben in einer Pferdekutsche gesessen. Wie das wohl auf ihn wirken würde! Der Gedanke daran amüsierte mich irgendwie. „Das hier ist das große Opernhaus", begann ich meine Erklärungen. Da unterbrach mich Samuel unvermittelt: „Stephen Merritt", fragte er, „hast du schon jemals in einer Kutsche gebetet?" Als ich das bejahte, legte er seine große schwarze Hand auf meine, bedeutete mir, mich neben ihn hinzuknien und sagte: „Beten wir!" So kniete ich zum ersten Mal in meinem Leben in einer Kutsche und betete. Samuel bat den Herrn, mein Herz von materiellen Dingen zu lösen und mich so mit dem Heiligem Geist zu erfüllen, daß ich nur noch von ihm schreiben, predigen und sprechen würde. Er sagte auch in jenem Gebet, ich hätte ihm alles mögliche zu zeigen und zu erklären versucht, nur nicht das, wozu er extra aus Afrika gekommen wäre. An jenem Tag in der Kutsche waren wir zu dritt, das spürte ich deutlich. Der Herr benutzte Samuel, um mich zu belehren und dann so mit seinem Heiligen Geist zu erfüllen, wie ich es nie zuvor erlebt hatte.

Bischöfe und Älteste haben mir verschiedentlich die Hände aufgelegt, z.B. bei Einsetzungsgottesdiensten. Auch James Caughey und Thomas Harrison segneten mich durch Handauflegung. Das Feuer fiel, und ich wurde mit dem Heiligen Geist erfüllt. Doch die bleibende Gegenwart des Heiligen Geistes empfing ich an jenem Tag in der Kutsche mit Sammy Morris. Seitdem habe ich in der Tat nur über den Heiligen Geist oder in ihm geschrieben oder zu Menschen über ihn gesprochen.

Samuel Morris war ein Werkzeug des Heiligen Geistes für das geistliche Wachstum von Stephen Merritt. Samuel ging nach Fort Wayne. Die Universität stand kopf. Er lebte in der Kraft des Heiligen Geistes und starb in ihm, als er seine Aufgabe beendet hatte. Doch wie jede Frau und jeder Mann Gottes auch nach dem Tode weiterlebt, so auch Samuel Morris. Sein Leben ist ein Zeugnis für alle und wird es immer bleiben. Bei seiner Beerdigung weihten sich drei junge Männer, die den Heiligen Geist durch Samuels Belehrung empfangen hatten, dem Dienst in Afrika, um dort an Samuel Morris‘ Stelle weiterzukämpfen.

Die ausführliche Lebensgeschichte von Samuel Morris ist in dem Heftchen „Die Kraft eines geisterfüllten Lebens“ geschildert. Wir senden es Ihnen gern (kostenlos) zu.

Kapitel 13

Ratschläge für die Praxis

Nun liegt es an dir, das Gelernte in bezug auf die Erfüllung mit dem Heiligen Geist in die Praxis umzusetzen. Mit der Lehre will ich mich hier nicht befassen. Es ist die Erfahrung, auf die es ankommt. Wir sollen in die Lage versetzt werden, mit Gott zu wandeln. Das allein ist wichtig.

Wiederholen wir noch einmal: Wir haben von den Bedingungen gesprochen, von Auslieferung und Glauben. Laß mich vier einfache Schritte anführen, die es dir vielleicht leichter machen, mit dem Heiligen Geist erfüllt zu werden. Erstens: Bekennen; zweitens: Aufgeben; drittens: Ausliefern; viertens: Glauben.

Nun gehe die Punkte nacheinander durch. Erstens: Bekennen. Jede Sünde, auch Unterlassungssünden, jedes Versagen, auch das Versagen, ein geisterfülltes, siegreiches Leben zu führen — bekenne es dem Herrn. Zweitens: Aufgeben. Trenn dich von allem, was dem Herrn nicht gefällt und streiche es aus deinem Leben. Bekennen ohne völlige Absage ist zwecklos. Drittens: Übergabe. Gib ihm dein Leben, liefere dich ihm völlig aus. Halte nichts zurück. Viertens: Glauben. Du hast deinen Teil erfüllt. Nun halte im Glauben fest, daß Gott das übrige tun wird. Vertraue ihm, daß er dich mit der Fülle des Geistes beschenken wird, ob du es nun fühlst oder nicht. Weise jeden Zweifel zurück. Vielleicht hilft es dir, wenn ich hier das Zeugnis eines bekannten Pastors folgen lasse. Er sagt:

„Vor einigen Jahren, als ich noch am Spurgeon‘s College in London studierte, gab mir ein Kommilitone eines Nachmittags ein Traktat von Charles Inwood, dem bekannten Redner der Keswick- Konferenzen.

Schon der Titel packte mich. Mein griechisches Lexikon und die hebräischen Verben waren vergessen. Ich stand am Kamin und las das Traktat. Etwas ganz Neues wurde mir klar; Gott hatte es zweifellos so für mich eingeplant. Zum ersten Mal in meinem Leben begriff ich, daß die Gabe des Heiligen Geistes nicht nur als historische Tatsache zu sehen, sondern ganz persönlich erfahrbar ist. Wie oft ist es so, daß theologisches Wissen und Praxis auseinanderklaffen. An Ort und Stelle begann ich zu beten und die Verheißung einfach im Glauben für mich in Anspruch zu nehmen. Ich kannte die Vorbedingungen: Bruch mit jeder bewußten Sünde und totale Lebensübergabe. Mein ichhaftes Leben mußte mit Jesus in den Tod gegeben werden, um dann mit ihm zu einem neuen Leben aufzuerstehen. Bei meinem anschließenden Einsatz in Rußland spürte ich die Realität meiner in London gemachten Erfahrung. Ich beanspruchte im Glauben, was ich erhoffte. Und Gott hielt sich an sein Versprechen, die zu belohnen, die ihn von ganzem Herzen suchen.“

Nun noch ein Wort zu den Manifestationen des Geistes. Es ist wichtig zu wissen, daß diese nicht immer gleich sind und sich in jedem Menschenleben anders zeigen, je nach Charakterveranlagung. Im allgemeinen wird einem das Geschenk der Geisterfüllung erst bewußt, wenn man sich für den Herrn einsetzt. Mit anderen Worten, je mehr ich gebe, desto mehr wird mir gegeben. Der Segen kommt im Dienst. Die Erfahrung von Charles Inwood, der durch sein Traktat das Leben vieler bereichert hat, war für mich eine solche Hilfe und Inspiration, daß ich den Wortlaut des Traktats an dieser Stelle wiedergeben möchte. Es heißt darin:

„Früh an einem Freitagmorgen führte mich der Herr so, daß ich ihn einfach wie ein kleines Kind um die Fülle des Heiligen Geistes bitten und ihm vertrauen sollte. So nahm ich im nackten Glauben ein Geschenk in Empfang, ohne im geringsten zu merken, daß ich etwas empfangen hatte. Ja, es erschien mir den ganzen Tag so, als sei meine Seele noch stumpfer und trockener als sonst. — Keine neuen Geistesimpulse, kein besonderes Empfinden der Gegenwart Gottes. Wie oft wollte mir der Teufel an diesem Tag das Empfangene streitig machen. »Sieh doch, wie du dich fühlst! Du bist Gott heute nicht näher als letzte Woche!« Das stimmte. Der Freitag verging, und es wurde Samstag. Auch dieser Tag dehnte sich endlos. Die gleiche Trockenheit und die gleiche Empfindungslosigkeit in Bezug auf die Gegenwart Gottes machte mir zu schaffen, und der Teufel versuchte immer stärker, mich in meinem Glauben anzugreifen. Doch ich hielt mich an Gott, vertraute seiner Verheißung und verließ mich auf seine unwandelbare Treue gegenüber seinem eigenen Wort. Es ist tausend mal besser, sich auf Gottes Treue zu verlassen als auf die Unbeständigkeit unserer schwachen Sinne. Es wurde Sonntag. Immer noch verspürte ich die gleiche Trockenheit in mir. Schließlich war es Zeit für den Gottesdienst und für die Predigt. Gelobt sei der Herr! Er kann den Geist seiner Boten auch mitten in der Verkündigung noch beleben, wenn sie die Botschaft im Namen ihres Meisters weitergeben. Täte er das nicht, wie oft wären wir ratlos!

Während ich an jenem Morgen das Evangelium verkündigte, stahl sich leise ein eigenartiges, wohltuendes

Gefühl von Ruhe und Frieden in mein Herz. So begann es. In den folgenden Stunden vertiefte sich dieses Gefühl immer mehr, bis es mich nach der Abendversammlung wie eine Welle göttlicher Herrlichkeit durchdrang und überflutete, so daß ich in stiller, heiliger Anbetung vor Gott zu Boden sank. Gott hatte seine Verheißung bereits am Freitagmorgen erfüllt, wollte aber das Vertrauen seines Dieners auf die Probe stellen. Er schenkte ihm dieses süße, heilige, unvergeßliche Erleben seiner göttlichen Gegenwart so schnell wie nur möglich, nämlich dann, als er sicher sein konnte, ein ihm ergebenes, gehorsames Kind vor sich zu haben, das ihm vertraute."

Du siehst also, daß vom Geistesempfang bis zum bewußten Erleben sciner Gegenwart eine gewisse Zeit verstreichen kann. Diese Wartezeit muß im Glauben überbrückt werden. Grundsätzlich gilt, daß uns die Erfüllung mit dem Heiligen Geist immer erst im Dienst als Tatsache bewußt wird.

Als nächstes möchte ich betonen, daß du schon vom Augenblick deiner Bekehrung an ein geisterfülltes Leben haben kannst. Du brauchst nicht ein Leben lang darauf zu warten. Erfülle die Voraussetzungen, und der Herr wird dir sofort die Fülle seines Geistes schenken. Gottes Geist pflegt überraschend zu kommen. Fast jeder diesbezügliche Bericht in der Bibel spricht von solchem plötzlichen Erfülltwerden. Wir brauchen dabei nur an die 120 Gläubigen im Obergemach zu denken, an die Leute von Samaria, Saulus von Tarsus, an den Hauptmann Cornelius und seine Familie und an die zwölf Männer in Ephesus. Gottes Geist hat sich nicht verändert. „Der Herr, den ihr sucht, wird plötzlich in seinen Tempel einziehen." Du brauchst also nicht bis an dein Lebensende zu warten. Heute ist der Tag des Heils! Wie dich der Herr in einem Augenblick erretten kann, so kann er dir auch ebenso schnell die Fülle seines Geistes schenken. Vielleicht hast du dich erst vor kurzem bekehrt und bist doch schon so mit dem Heiligen Geist erfüllt wie mancher Christ, der schon lange auf dem Glaubensweg ist. Dem Herrn sei Preis und Dank!

Laß mich nun noch einmal auf die Frucht des Geistes zu sprechen kommen, denn wenn der Heilige Geist in dir wohnt, wird das nicht ohne Wirkung bleiben. Mit anderen Worten: du wirst Frucht „nach deiner Art“ hervorbringen. „Was aus dem Fleisch geboren ist, das ist Fleisch, und was aus dem Geist geboren ist, das ist Geist.“ Egal, wohin du verschlagen wirst, an die Küste Afrikas oder in die Wüste Arabiens — die Menschen werden sich an dir ausrichten. Wenn du geistlich gesinnt bist, wirst du geistliche Kinder hervorbringen. Ehrfurcht überkommt mich bei diesem Gedanken. Wie groß kann der Einfluß eines einzigen Menschen sein! Deshalb ist die geistliche Haltung des Pastors so wichtig. Ist er fleischlich oder weltlich gesinnt, wird die Gemeinde sich ihm anpassen. Ist eine Gemeinde verweltlicht oder fleischlich gesinnt, so sind die Pastoren und Gemeindeleiter dafür verantwortlich. Ich habe erlebt, wie sich eine ganze Gemeinde innerhalb weniger Wochen veränderte, als sie von einem neuen Pastor übernommen wurde. Die Herde wird reagieren, wenn der Hirte sie richtig leitet. Welch ein Wohlgeruch geht von einem geisterfüllten Leben aus! Wie groß sind die Kraftwirkungen und wie kostbar die Frucht!

Fürchte dich nicht, dieses neue Leben für dich in Anspruch zu nehmen, mein Freund. Zögere nicht länger. Kein einziger deiner Pläne kann sich auch nur einen Augenblick lang mit Gottes Absichten messen. Er hat einen Plan für dein Leben, der dich unsagbar froh und glücklich machen wird. Übergib dich seinen Händen und überlaß es ihm, dich nach seinen Vorstellungen zu formen. Folge ihm, wohin er dich führt, und sei so, wie du nach seinem Plan sein sollst. Erlaube dem Heiligen Geist, dich zu unterweisen und zu führen. Liefere dich ganz aus. Dann wird es geschehen, daß dein Leben ein einziger Wohlklang ist, selbst inmitten von Anfechtung, Trübsal und Leid.

Laß es mich mit den Worten von Pastor Stockmayer sagen. Was er schreibt, ist wert, gründlich durchdacht zu werden:

„Übergib dich dem Heiligen Geist, wenn er dein ganzes Leben für Jesus beansprucht. Übergib dich ihm, wenn er dich auffordert, deine Augen von allen Götzen abzuwenden, von deinem eigenen Ich, deiner Vergangenheit, deinen Zukunftsträumen. Übergib dich ihm, wenn er Tag und Nacht an dir arbeitet, um dich zu einem Gefangenen Jesu Christi zu machen und alles andere an deinem Horizont wegzuwischen, was dem Herrn aller Dinge den Platz streitig machen will. Laß dich zerbrechen! Liefere ihm alles aus, wenn du dem Heiligen Geist bis heute widerstanden hast. Laß es zu, daß das Wort Gottes sich Stunde für Stunde an dir erfüllt, damit das Vorbild und Leben Jesu sichtbar und jedes Wort der Schrift zu deiner eigenen Erfahrung wird, während der Heilige Geist an dir arbeitet. Der Herr muß zerbrechen und aufbauen und wieder zerbrechen, um seine Werkzeuge umzuformen und zu gestalten, bevor er sie für seine höchsten Zwecke und Ziele einsetzen kann." — Willst du jetzt nicht einfach mit Lesen aufhören und dich zum Alleinsein mit Gott zurückziehen? Du hast genug gelesen. Was du jetzt brauchst, ist nicht Wissen sondern Erfahrung. Deshalb ruhe nicht eher, bis du wirklich die Fülle des Heiligen Geistes empfangen hast und Tag für Tag unter seiner vollkommenen Leitung stehst.

Kapitel 14

Die Salbung des Heiligen Geistes

Es ist eine unleugbare Tatsache, daß Gott durch alle Jahrhunderte hindurch immer wieder Menschen mit seinem Heiligen Geist erfüllt hat. Selbst im Alten Testament wird uns von dieser göttlichen Ausrüstung berichtet. Immer wieder heißt es von Simson, daß „der Geist des Herrn auf ihn kam.“ Saul und David waren ebenfalls Gesalbte des Herrn, und auch die Propheten machten diese Erfahrung. Aus Platzgründen können hier nicht alle Propheten, Priester und Könige namentlich aufgeführt werden, die Gott ohne jeden Zweifel mit Kraft von oben ausrüstete, um eine bestimmte Aufgabe zu erfüllen.

Dasselbe entnehmen wir dem Neuen Testament. Der Geist des Herrn befähigte Boten Gottes zu Taten, die niemand aus eigener Kraft vollbringen kann. Petrus und Paulus predigten in der Kraft des Heiligen Geistes, so daß die Urgemeinde sich rasch vergrößerte.

Die vergangenen neunzehn Jahrhunderte liefern genug Beweise für diese Kraft im Leben unzähliger Menschen. Christliche Missionare wagten sich in unerforschte Gebiete vor und vollbrachten schier Unmögliches, weil sie unter der göttlichen Salbung blieben.

Evangelisten arbeiteten unermüdlich, bis eine große Zahl von Menschen sich zum Herrn bekehrte, und Erweckungspredigern, ausgerüstet mit der Kraft Gottes, gelang es, ganze Nationen zu verändern. Die Leiter der frühen Methodistengemeinden und die ersten Mitarbeiter der Heilsarmee zählen zu diesen Männern Gottes. In fast jedem Zweig der weltweiten Gemeinde Jesu Christi finden wir Menschen, die um eine mächtige Salbung des Heiligen Geistes gewußt haben. Ja, auf alle großen geistlichen Führer trifft das zu, denken wir beispielsweise an John Wesley, Charles G. Finney, D. L. Moody und viele andere Gottesmänner aus den verschiedensten Denominationen. Die Tatsache, daß jeder seine Erfahrung in anderer Weise zum Ausdruck gebracht hat, mindert nicht die Kraft ihres Zeugnisses. Für uns ist lediglich wichtig zu wissen, daß sie nach ihrer Bekehrung — manchmal erst lange danach — etwas erlebten, das ihr Leben gänzlich veränderte.

Wenn wir den Werdegang mancher christlicher Werke verfolgen, werden wir diese Tatsache bestätigt finden. Bei den Presbyterianern, Methodisten, Baptisten, Landeskirchlichen Gemeinschaften, Anglikanern, Herrnhuter Brüdergemeinden, Mennoniten sowie in der Heilsarmee und anderen kleineren Denominationen lassen sich solche Segensträger mit Leichtigkeit aufspüren. Viele Zeugnisse aus den verschiedensten christlichen Denominationen sind uns überliefert. Übereinstimmend berichten alle von einer radikalen Lebenswende, bekannt als Bekehrung, und einer zweiten, nicht minder einschneidenden Erfahrung, bei der sie ihr Leben Gott völlig auslieferten, so daß sie mit dem Heiligen Geist und neuer, bis dahin nie gekannter Kraft erfüllt wurden. Somit behaupte ich nichts Ungewöhnliches, denn alle einflußreichen Persönlichkeiten im Reiche Gottes haben das Gesagte zu allen Zeiten aus eigenem Erleben bezeugt.

Wer also solchen Erfahrungen keinen Glauben schenken will, weist nicht nur bewußt die Zeugnisse der eben erwähnten, bewährten Gottesmänner von sich; er wendet sich ebenso von der unzählbaren Schar derer ab, die in den verschiedensten christlichen Denominationen von sich bezeugten, mit dem Heiligen Geist erfüllt zu sein.

Denken wir dabei nur an die Zeugnisse von Moody, Finney, Bramwell u. a., Männer, deren Aussagen nicht in Frage gestellt werden können. Des größeren Nachdrucks wegen möchte ich diese treuen Boten Gottes nachfolgend selbst zu Worte kommen lassen:

„Die Segnung kam plötzlich, wie ein Blitz, über mich. Monatelang hatte ich mich nach mehr Vollmacht in meinem Dienst gesehnt. Ich war an einem Punkt angelangt, wo ich dachte, ich müßte sterben, wenn ich den gewünschten Segen nicht bekäme. Ich erinnere mich, wie ich so völlig teilnahmslos durch die Straßen von New York lief, als wäre ich gar nicht auf der Welt. Doch dann kam ein Tag — ich kann das Erlebte nicht beschreiben und erwähne es selten, weil es fast zu heilig ist, um ausgesprochen zu werden —, an dem gerade dort auf den Straßen dieser Riesenstadt die Kraft Gottes so wunderbar über mich kam, daß ich Gott bitten mußte, von mir abzulassen. Ein Bewußtsein der Güte Gottes umfing mich, und ich hatte das Gefühl, ich könnte die ganze Welt umarmen. Ich hielt die gleichen Predigten, die ich früher schon gehalten hatte, es war die gleiche alte Wahrheit, doch jetzt hatten sie an Kraft und Tiefe gewonnen. Menschen wurden in ihrem Innersten getroffen und fanden zum Herrn. Das alles geschah Jahre nach meiner eigenen Bekehrung. Nicht um alles in der Welt möchte ich in die Zeit vor dieser segensreichen Erfahrung zurück. Verglichen mit dem

Reichtum eines geisterfüllten Lebens sind die Güter dieser Welt nicht mehr als eine dünne Staubschicht auf der Waage."

Dwight L. Moody

„Als ich mich umwandte, um am Kamin Platz zu nehmen, empfing ich eine mächtige Taufe des Heiligen Geistes. Ohne darauf gefaßt zu sein, ohne daß mir je der Gedanke gekommen war, daß mir so etwas passieren könnte, und ohne jemals von einem derartigen Erlebnis gehört zu haben, kam der Heilige Geist in einer Weise über mich, daß Leib und Seele davon erfaßt wurden. Wie ein elektrischer Strom durchflutete es mich immer und immer wieder. Gleichsam wie Wellen flüssiger Liebe ging es durch mich hindurch. Anders vermag ich es nicht zu beschreiben. Es war wie der reine Atem Gottes. Ich erinnere mich genau, daß es mir vorkam, als spürte ich ein gewaltiges Flügelschlagen. Ich kann die Liebe nicht mit Worten beschreiben, die sich in mein Herz ergoß. Ich weinte laut vor Freude und Liebe. Ich weiß nicht, wie ich es beschreiben soll, aber ich brachte buchstäblich die unaussprechlichen Seufzer meines Herzens zum Ausdruck. Die Wellen gingen immer weiter über mich, immer wieder von neuem, bis ich schließlich ausrief — und daran erinnere ich mich —: »Ich sterbe, wenn diese Wellen weiter über mich gehen. Ich kann nicht mehr, Herr!« Angst vor dem Sterben hatte ich dabei aber keineswegs.

Als ich am Morgen erwachte, fiel der Heilige Geist wieder in der gleichen Weise auf mich, wie ich es in der Nacht zuvor erlebt hatte. Ich sank in meinem Bett auf die Knie und weinte laut vor Freude. In dieser Haltung verharrte ich eine ganze Weile. Die Geistestaufe hatte mich so überwältigt, daß ich nichts anderes tun konnte, als meine Seele vor Gott auszuschütten."

Charles G. Finney

„Ich befand mich im Haus eines Freundes in Liverpool, um einige weltliche Angelegenheiten zu regeln, bevor ich mich wieder auf Reisen begab. Während ich auf diesem Stuhl hier saß (dabei zeigte er auf seinen Stuhl), bewegten mich mancherlei Gedanken. Ich dachte über meine augenblickliche Lage nach und was die Zukunft mir bringen würde. Dann und wann erhob sich mein Herz zu Gott, ohne aber an irgendeine spezielle Segnung zu denken. Plötzlich war es, als ob der Himmel auf die Erde herunterkam, hinein in meine Seele. Der Herr, auf den ich gewartet hatte, kam völlig unerwartet und machte mein Herz zu seinem Tempel. Sofort wußte ich: das war der Segen, nach dem ich immer schon gesucht hatte. Wie war meine Seele da voll Staunen, Liebe und Anbetung!"

William Bramwell

Meine Lieben, haben wir die Salbung des Geistes empfangen? Geschieht unsere Verkündigung „in Erweisung des Geistes und der Kraft?" Ist die Salbung auf uns, so daß unser Reden überzeugt? Werden Menschen durch unseren Dienst überführt, gerettet und auferbaut?

Du sagst, du hast den Heiligen Geist bereits empfangen? Wie dem auch sei — lies ruhig weiter. Die Botschaft gilt auch dir, denn diese Erfahrung darf sich nicht auf ein einmaliges Erlebnis beschränken. Es muß immer wieder neu geschehen, praktisch vor jedem Dienst. In Apostelgeschichte 2,4 finden wir die erste Ausgießung des Geistes beschrieben und in Apostelgeschichte 4,31 ein zweites Erfülltwerden mit dem Geist. Petrus war beide Male zugegen, so daß er diese Erfahrung mindestens zweimal gemacht haben muß. Es heißt in unserem Text ausdrücklich: „Sie wurden alle mit dem Heiligen Geist erfüllt." Das sind genau die gleichen Worte wie bei der ersten Ausgießung des Geistes.

Für uns bedeutet das, daß wir nicht von Erlebnissen der Vergangenheit zehren können. Die Frage ist, ob ich jetzt und heute mit dem Heiligen Geist erfüllt bin. Wie sah die Salbung aus, die ich letzte Woche bekommen habe? Wann konnte der Herr mich zuletzt füllen? Viele Christen beziehen sich in ihrem Zeugnis auf etwas Wunderbares, das Jahre zurück liegt. Ihr jetziges Leben aber ist dürr und trocken und die Frische der einstigen Erfahrung längst dahin.

Kapitel 15

Die Bedeutung der Salbung

Gott selbst mißt der Salbung durch den Heiligen Geist die allergrößte Bedeutung bei. In Lukas 24,49 lesen wir, daß Jesus seinen Jüngern befahl zu warten, bis sie mit Kraft aus der Höhe angetan würden. Und in Apostelgeschichte 1,4 wird uns berichtet, daß Jesus sie aufforderte, „sich nicht von Jerusalem zu entfernen, sondern auf die Verheißung des Vaters zu warten, denn Johannes taufte mit Wasser, ihr aber werdet mit Heiligem Geist getauft werden nach nicht mehr vielen Tagen." Es war also kein Gedanke daran, dem Herrn ohne diese göttliche Kraft dienen zu können. Vergegenwärtigen wir uns die Lage: eine ganze Menschheit tappte im Dunkeln. Niemand außer den Jüngern war eingeweiht, und nur sie hatten den Auftrag, die Frohe Botschaft weiterzutragen. Die ganze Welt lag im Argen, trotzdem war es ihnen untersagt, irgend etwas zu unternehmen, bevor sie nicht mit dem Heiligen Geist ausgerüstet waren. Wie wichtig nahm also Jesus die Salbung des Geistes!

In Apostelgeschichte 10,38, lesen wir, „wie Gott Jesus mit Heiligem Geist und mit Kraft gesalbt hat, der umherging und wohltat und alle heilte, die vom Teufel überwältigt waren: denn Gott war mit ihm." Im Lukasevangelium finden wir diese historische Tatsache bestätigt. Hier heißt es in Kapitel 3,22: „Es geschah aber, als das ganze Volk getauft wurde und Jesus getauft war und betete, daß der Himmel aufgetan wurde und der Heilige Geist in leiblicher Gestalt, wie eine Taube, auf ihn herabstieg und eine Stimme aus dem Himmel kam: Du bist mein geliebter Sohn, an dir habe ich Wohlgefallen gefunden." Jesus selbst wird also mit dem Heiligen Geist gesalbt. Zu welchem Zweck? Lesen wir dazu den ersten Vers aus Kapitel 4, wo es heißt: „Jesus aber, voll Heiligen Geistes, kehrte vom Jordan zurück." In den Versen 14 und 15 lesen wir: „Jesus kehrte in der Kraft des Geistes nach Galiläa zurück: und die Kunde von ihm ging aus durch die ganze Umgegend. Und er lehrte in ihren Synagogen, geehrt von allen." Das ist göttliche Autorität. Gehen wir nun weiter zu Vers 18: „Der Geist des Herrn ist auf mir, weil er mich gesalbt hat." In Vers 32 lesen wir: „Und sie erstaunten sehr über seine Lehre, denn sein Wort war mit Vollmacht." Schließlich kommen wir zu Vers 36, wo es heißt: „Und Entsetzen kam über alle, und sie redeten untereinander und sprachen: Was ist dies für ein Wort? Denn mit Vollmacht und Kraft gebietet er den unreinen Geistern, und sie fahren aus." Hier begegnen wir der Kraft, die Wunder wirkt.

Jesus diente den Menschen nicht im Namen der zweiten Person des dreieinigen Gottes, sondern in der Vollmacht des Heiligen Geistes, der Kraft also, die uns auch heute noch zur Verfügung steht. Wenn diese Ausrüstung für Jesus nötig war, wieviel mehr dann für uns! Es werden Werke von uns gefordert, wie Jesus sie getan hat. Dem Herrn sei Dank, daß wir den bei uns haben, der auch bei Jesus war!

Noch einmal möchte ich die Tatsache betonen, daß „Gott Jesus mit dem Heiligen Geist und mit Kraft" gesalbt hat. Konnte er uns in gleicher Weise ausrüsten?

Bedenken wir auch seine eigenen Worte: „Der Geist des Herrn ist auf mir, weil er mich gesalbt hat, die gute Botschaft zu verkündigen.“ Können wir das auch von uns sagen, oder ist unsere Verkündigung kraftlos und ohne Vollmacht?

Kapitel 16

Das Geheimnis göttlicher Salbung

Was ist das Geheimnis der Salbung des Heiligen Geistes? Verleiht Gott Menschen diese Vollmacht rein zufällig, nach seinem Gutdünken? Hat er Lieblingskinder? Werden einige Menschen — unabhängig von ihren Fähigkeiten — besonders gesegnet und andere einfach übersehen? Nein, ganz gewiß nicht. Die Schwierigkeit für Gott liegt darin, Menschen zu finden, die bereit sind, das ganze Risiko einzugehen. Nur wenige sind entschlossen, sich völlig hinzugeben. Wenn jemand durch den Heiligen Geist besonders bevollmächtigt wird, so daß seine Lebensbeschreibung der Apostelgeschichte entnommen sein könnte, so kommt solcher Segen nicht etwa rein zufällig über ihn. Vollmacht ist immer die Folge einer persönlichen Gottesbegegnung. Wenn wir nach Überschlagen der Kosten bereit sind, den Preis zu zahlen, wird der Herr auch uns die gleiche göttliche Autorität verleihen.

Ich setze voraus, daß zwischen Gott und dir kein Hindernis besteht und es keine unvergebene Schuld mehr gibt in deinem Leben. Solange nämlich nicht jede Sünde bekannt und aus deinem Leben getilgt worden ist, hat es keinen Sinn, um die Erfüllung mit dem

Heiligen Geist zu beten. Deine Gebete würden nicht mehr ausrichten als Faustschläge gegen eine dicke Betonwand. Gott würde weder hören noch antworten. Auf diese selbstverständliche Voraussetzung brauche ich wohl nicht weiter einzugehen.

Zuallererst muß eine große Sehnsucht nach der Fülle des Geistes bestehen. Ich bin überzeugt, daß es ohne Verlangen keinen wirklichen Segen gibt. „Denn ich werde Wasser gießen auf das durstige und Bäche auf das trockene Land“ (Jesaja 44,39). Echter Durst wird also vorausgesetzt. Wir müssen zugeben, daß der Boden dürr und ausgetrocknet ist. Solange wir zufrieden sind mit unserem augenblicklichen Zustand, wird Gott uns nicht mehr geben. „Glückselig, die nach der Gerechtigkeit hungern und dürsten, denn sie werden gesättigt werden“ (Matthäus 5,6). „Sucht ihr mich, so werdet ihr mich finden, ja, fragt ihr mit eurem ganzen Herzen nach mir, so werde ich mich von euch finden lassen, spricht der Herr“ (Jeremia 29, 13). Solange ich das Empfinden habe, daß ich irgendwie auch ohne diese Vollmacht des Heiligen Geistes zurechtkomme, wird Gott mich lassen, wie ich bin. Sobald ich aber verzweifelt aufgebe und die Gottesferne nicht mehr ertragen kann, wird der Herr den Hunger und Durst meiner Seele stillen. Die Selbstgenügsamkeit ist ein großes Hindernis. Es hat Männer gegeben, deren Sehnsucht nach Gott so groß war, daß sie sich in ihrem Zimmer einschlossen, um solange dort zu bleiben oder auf Nahrung zu verzichten, bis ihnen Gott begegnete.

Nun frage ich dich, lieber Freund: Hast du ein solches brennendes Verlangen in dir? Ist dir nichts auf der Welt so wichtig wie die Kraft des Heiligen Geistes? Ist es dir ernst damit? Hast du wirklich Sehnsucht danach und wärest du bereit, alles aufzugeben, wenn du nur ein geisterfüllter Reichsgottesarbeiter wärest?

Die zweite wichtige Voraussetzung für die Erfüllung mit dem Heiligen Geist ist ernsthaftes, aufrichtiges Beten. Aus den meisten Biographien bekannter Gottesmänner geht hervor, daß sie die Kraft Gottes empfingen und der Heilige Geist mächtig in ihnen wirkte, nachdem sie den Herrn im Gebet gesucht hatten. Bestimmt wird niemand erfahren, was Salbung des Geistes ist, der nicht viele Stunden lang mit Gott alleine ist. Die Welt muß hinter uns bleiben, bis unser ganzes Sein auf den Herrn ausgerichtet ist. „Diese alle waren stets beieinander einmütig mit Beten und Flehen; und sie wurden alle mit Heiligem Geist erfüllt" (Apostelgeschichte 1,14; 2,2.4). „Und als sie gebetet hatten, wurden sie alle mit dem Heiligen Geist erfüllt" (Apostelgeschichte 4,31). „Petrus und Johannes beteten für sie, damit sie den Heiligen Geist empfangen möchten; und sie empfingen den Heiligen Geist" (Apostelgeschichte 8,14-17). Harre aus im Gebet; bete ernstlich, voll Erwartung und Ausdauer und völlig eins mit Gott. Jemand hat es einmal so ausgedrückt: „Stell dich auf die Verheißung, bis der Herr dich dort abholt." Und er hat verheißen, Gebet zu erhören. Es liegt nicht am Willen Gottes, wenn wir nicht erhört werden. Tatsache ist, daß Gott viel mehr zu geben bereit ist, als wir bereit sind zu empfangen. Er will uns viel lieber mit dem Heiligen Geist erfüllen, als wir das für uns beanspruchen wollen. Das Problem ist, daß wir einfach nicht bereit sind. Nur wenn wir vor ihm im Gebet ausharren, kann er zu uns sprechen und unsere Herzen zubereiten für den Empfang seiner göttlichen Kraft.

Natürlich gehört auch der erwartungsvolle Glaube zu den Voraussetzungen. Alles, was wir empfangen richtet sich nach dem Maß unseres Vertrauens zu Gott. Nun gibt es Christen, die lehren, man brauche einfach nur etwas von Gott zu „beanspruchen", glauben, daß man es empfangen hat, und dann nicht weiter dafür zu beten. Manchmal mag das so gehen, weil Gott uns oft spontan mit Glauben beschenkt. Doch kann es sich dabei auch um Anmaßung handeln, was mit wirklichem Glauben nicht das geringste zu tun hat. Im Glauben etwas empfangen bedeutet, tatsächlich Antwort zu erhalten. Es bedeutet nicht, glauben und dann doch leer auszugehen. Echter Glaube bewirkt immer reale Erfahrungen. Es ist unser Vorrecht, solange im Gebet vor dem Herrn zu bleiben, bis die tiefsten Sehnsüchte und Wünsche unseres Herzens gestillt sind.

Wir müssen also unterscheiden zwischen einem normalen geisterfüllten Leben, das sich auf Hingabe und Glauben gründet und für das es außer der Herzensvorbereitung keiner Wartezeit bedarf, und der immer wieder neuen Salbung des Geistes, die uns geschenkt wird, wenn wir vor dem Herrn im Gebet ausharren.

In Kolosser 4, 12 lesen wir: „Es grüßt euch Epaphras, der allezeit für euch ringt in den Gebeten, daß ihr vollkommen und völlig überzeugt in allem Willen Gottes dasteht." Das heißt, er betete nicht nur einmal und nahm dann „im Glauben in Anspruch", daß sie völlig eins wären mit dem vollkommenen Willen Gottes, um dann die Sache auf sich beruhen zu lassen. Nein, er rang um sie im Gebet. So sieht intensive Fürbitte aus.

Jesus sagte: „Wartet, bis ..." Sie hörten also am zweiten Tag nicht auf zu beten, um die verheißene Gabe des Heiligen Geistes einfach im Glauben zu „beanspruchen", sondern sie beteten weiter, „bis" sich die Verheißung an ihnen erfüllte. Zu warten, „bis" ... ist sehr verschieden von dem sogenannten „Nehmen" im Glauben.

Auch Elia betete nicht nur einmal, um dann den verheißenen Regen im Glauben zu nehmen. Er beugte sich immer wieder vor Gott. Sieben Mal tat er das,

„bis“ endlich die Wolke zu sehen war. Er hielt durch im Gebet, bis sein Glaube siegte und der Regen kam.

Als die erste Gemeinde betete, daß Petrus freikommen sollte, wäre es undenkbar für sie gewesen, kurz um seine Freilassung zu beten, das Erbetene „im Glauben zu beanspruchen“, um dann aufzustehen und sich anderen Dingen zuzuwenden. Nein, die ganze Nacht hindurch wachten und beteten sie, in der festen Überzeugung, daß Gott sie erhören würde. Ja, sie hielten solange durch, bis Petrus an die Tür klopfte.

Ebenso war es bei jeder großen Erweckung. Irgend jemand hielt durch im Gebet, kämpfte und rang, „bis“ Gott erhörte und Erweckung schenkte. Mit dem Heiligen Geist ist es nicht anders. Alle gesalbten Männer Gottes wurden irgendwann in ihrem Leben mit Kraft ausgerüstet, um die sie in einsamen Stunden vor dem Herrn gerungen hatten.

Das bedeutet, daß wir während unseres anhaltenden Gebetes an einen Punkt kommen, wo Gott uns mit Glauben ausrüstet, denn auch der Glaube selbst ist eine Gabe Gottes. Diesen Glauben schenkt uns der Herr nach genügender Vorbereitung. Aus uns heraus haben wir diesen von Gott gewirkten übernatürlichen Glauben, der den verheißenen Segen nach sich zieht, nicht.

Kapitel 17

Durchbeten

Besonders hilfreich in bezug auf die Salbung durch den Heiligen Geist war für mich das Zeugnis eines Bruders in Wales. Das Mit-Christus-Gekreuzigtsein (Galater 2,20) als Basis für die Salbung gemäß Apostelgeschichte 1,8 hat er in besonders eindrücklicher Weise an sich selbst erfahren. Er erzählte mir in diesem Zusammenhang von der Gemeinde, die er leitete, von den unzähligen Menschen, die zu den Gottesdiensten kamen und sich bekehrten, und von dem großen Ansehen, das seine Gemeinde in dem Tal genoß, das er betreute. Er erzählte mir auch, wie Gott ihn geführt hatte, um die Salbung des Heiligen Geistes zu beten. Tagelang streckte er sich vergeblich danach aus. Ganze Nächte verbrachte er unter manchen Opfern im Gebet. Sogar auf den Gipfel eines Berges begab er sich, um dort viele Stunden lang im Gebet zu ringen. Auch das brachte nicht den ersehnten Segen. Schließlich, nachdem er sich eines Nachts in seinem Zimmer eingeschlossen hatte, begann er nach Gott zu schreien. Er war entschlossen, das Zimmer nicht eher zu verlassen, bis er mit dem Heiligen Geist erfüllt worden war. Stunde um Stunde rang er im Gebet, bis endlich die Kraft des Geistes in ganz unerwarteter Weise über ihn kam. Er hatte eine große Freude erwartet, irgend etwas ganz und gar Außergewöhnliches. Doch nichts dergleichen geschah. Vielmehr wurde er in das Leiden Jesu hineingetauft, in die qualvolle Agonie seines Herrn und Heilandes, so daß seine Fürbitte für unerettete Seelen an Tiefe und Intensität zunahm. Zum ersten Mal in seinem Leben erfuhr er an sich selbst, was wirkliches Ringen im Gebet bedeutet.

Gleichzeitig ließ der Herr ihn wunderbare Dinge schauen. Er sah, wie Tausende von verlorenen Sündern aus dem Tal, in dem er lebte, mit Tränen der Buße auf ihren Gesichtern in die verschiedenen Kirchen strömten. Es war eine Vision der Erweckung, die Gott schenken wollte. Sie erfüllte sich bereits sechs Wochen später, als in Wales die Erweckung ausbrach (1904). Nachdem er in dieser Weise vom Heiligen Geist bevollmächtigt war, gab er sich Tag und Nacht der Fürbitte für seine Landsleute hin. Er durchlitt dabei solche Qualen, daß es schrecklich mitanzusehen war. Seine eigene Gemeinde verstand ihn nicht mehr. Viele der leitenden Brüder verließen ihn und schlossen sich anderen Gemeinden an. Die Bewohner jenes Tales zeichneten sich durch besondere Bosheit, Unmoral und Trunksucht aus. Bald merkte er, daß Hunderte dieser Menschen um ihr Seelenheil ernstlich besorgt waren. Manches Mal wurde er nachts zu dem einen oder anderen der berüchtigsten Männer jener Gegend gerufen, um für sie im Gebet einzutreten. Viele wurden errettet.

Sechs Wochen später kam es plötzlich zu einer gewaltigen Erweckung. Die gesamte Gemeinde wurde erschüttert, als der Heilige Geist wie ein gewaltiger Wind alle Anwesenden erfaßte. Jeder einzelne bekannte seine Sünden und schrie zum Herrn um Vergebung. Hunderte kamen zum Herrn, ließen sich erretten und wurden augenblicklich in die Gemeinschaft der Leiden

Jesu hineingetauft. Die Last um die Verlorenen wurde nahezu unerträglich. Die Versammlung dauerte bis zum nächsten Morgen um sechs. Auch draußen am Rand der Straße lagen Menschen im feuchten, kalten Gras auf den Knien, überführt von ihren Sünden und überzeugt von der Wahrheit des Evangeliums. Innerhalb weniger Wochen fanden allein in diesem Tal 20 000 Menschen zum Herrn.

Wie herrlich, wenn so etwas heute geschähe und Menschen bereit wären, den Preis zu zahlen! Wir haben eine Neubelebung so nötig! Wann hatten wir zuletzt eine Erfahrung mit dem Geist Gottes? Kann er uns heute genauso bevollmächtigen wie in früheren Tagen? Oder mühen wir uns ab ohne seine Kraft? Wie unendlich traurig wäre das! Doch es muß nicht so bleiben. „Ihr werdet Kraft empfangen", so lautet die Verheißung. Wollen nicht auch wir um Vollmacht bitten für den Dienst?

Kapitel 18

Eine persönliche Erfahrung

„Mir aber sei es fern, mich zu rühmen als nur des Kreuzes unseres Herrn Jesus Christus, durch das mir die Welt gekreuzigt ist und ich der Welt“ (Galater 6,14). Paulus hatte Gesichte und Offenbarungen, doch dessen rühmte er sich nicht. Auch mir liegt es fern, mich solcher Dinge zu rühmen. Deshalb möchte ich größeren Nachdruck auf die Erfüllung mit dem Heiligen Geist legen als auf spezielle Segnungen. Sie kommen und gehen, doch schließlich bleibt nur eine schöne Erinnerung. Besondere Segnungen haben zweifellos ihren Wert, ja, solange sie andauern, können sie unbeschreiblich kostbar sein. Doch ihr Glanz verblaßt, die himmlischen Gefühle weichen. Die Fülle des Geistes aber bleibt. Aus dieser Fülle müssen wir leben und arbeiten. Sie muß unsere normale Alltagserfahrung sein. Paulus erwähnt in Galater 6, wie er in den dritten Himmel entrückt wurde und unaussprechliche Worte hörte, die auszusprechen einem Menschen nicht zusteht. Das war keine alltägliche Erfahrung für ihn. Ganz und gar nicht. Seine Arbeit bestand darin, Christus unter den Heiden bekanntzumachen. Das war für ihn mit Schlägen, Ketten und Gefängnis, mit Peitschenhieben und unerbittlicher Verfolgung verbunden. Dafür, um alle diese Drangsale zu überwinden, war ihm die Fülle des Geistes gegeben.

Auch mir wurde eine besondere Erfahrung zuteil, ein herrliches Erlebnis, und doch spreche ich nur ungern davon, aus Furcht, es könnte mehr schaden als nützen. Man könnte nämlich auf den Gedanken verfallen, solche außergewöhnlichen Segnungen für das Wichtigste zu halten. Ich kann deshalb nicht oft genug betonen, daß die beständige Gegenwart des Herrn als tägliche Ausrüstung für Dienst und Leben unendlich viel wichtiger ist. Erst in zweiter Linie magst du dich nach einer ähnlichen Geisteserfahrung ausstrecken. Bedenke aber, daß Gott nie nach einem Schema verfährt. Möglicherweise gibt er dir nie, was er mir gegeben hat, oder er gibt dir etwas, das weit über alles hinausgeht, was ich je von ihm empfangen habe. Die Art der Segnung dürfen wir getrost dem Heiligen Geist überlassen.

Doch nun möchte ich in aller Demut davon berichten, wie mir der Herr begegnet ist. Ich bin überzeugt, daß die Geistestaufe oder die Salbung des Heiligen Geistes, wie ich es lieber nennen möchte, ein ganz bestimmtes Ereignis ist. Ich selbst habe es so an mir erlebt:

Am Morgen des 10. Februar 1927 — ich hatte gerade eine Predigt über das so wichtige Thema „Fürbitte" gehalten — rief ich am Schluß zu einer Gebetsgemeinschaft auf. Wo ich war, auf dem Podium neben dem Predigtpult, kniete ich nieder.

Was nun geschah, läßt sich nicht mit Worten beschreiben. In keiner Weise hatte ich irgend etwas Außergewöhnliches erwartet. Doch als die Brüder zu beten begannen, wurde ich mir in besonderer Weise der Nähe des Herrn bewußt. Sein Heiliger Geist schien geradezu über der Versammlung zu schweben. In dem Augenblick begann der Herr, sein Versprechen einzulösen. Ich hatte ein Empfinden, als müsse ich zerschmelzen. Völlig zerbrochen, von Scheu und tiefer Ehrfurcht ergriffen und mit einer unbeschreiblichen Liebe erfüllt, erhob sich meine Seele zum Herrn. Mein ganzer Körper schien in den Heiligen Geist eingetaucht zu sein. Ich konnte nur staunen, lieben und loben. Diese Liebe wollte ich jedem schenken. Die Welt mit all ihren Nöten entschwand meinen Blicken. Wie klein und unbedeutend waren die Prüfungen, durch die ich gegangen war! Gott selbst in seiner Herrlichkeit erfüllte mein ganzes Sein. Es war unbeschreiblich!

Jesus allein stand mir vor Augen. Als ich betete, fiel die versammelte Gemeinde mit ein. Einige leise und unterdrückt, andere mit Ausrufen des Dankes. Alle spürten die mächtige Gegenwart Gottes. Ich konnte meine Tränen einfach nicht zurückhalten.

Nach einer Weile verließ ich leise den Raum und suchte mein Zimmer auf, wo langersehnte Post für mich auf dem Tisch lag. Doch sie blieb unberührt. Ich konnte nicht aufhören, den Herrn zu loben und zu preisen, so bewegt war ich innerlich und so nah meinem Heiland.

Plötzlich, während ich noch mitten im Gebet war, kam ein junger Mann zur Tür herein. Ich ließ ihm keine Zeit, sein Anliegen vorzutragen, sondern begann einfach, aus meinem übervollen Herzen heraus für ihn zu beten. Der junge Mann wußte nicht, wie ihm geschah. Jedenfalls ging auch er auf seine Knie und sprach ein kurzes Gebet. Wie leicht fiel es mir in jenen Augenblicken, mit ihm zu reden!

An jenem Tag hatte ich nur den einen Wunsch, mit dem Herrn allein zu sein. So verließ ich das Haus, um meine Anbetung und meinen Lobpreis im Freien fortzusetzen. Gott hielt mich völlig umschlossen, so schien es mir. Während ich ohne bestimmtes Ziel durch die Straßen ging, wollten meine Gedanken dann und wann abirren, doch sofort zog mich der Herr wieder zu sich und füllte mein Herz mit seiner unvergleichlichen Gegenwart. Als ich schließlich ins Haus zurückkam, war mein Herz erfüllt mit einem nie gekannten wunderbaren Frieden. Das Erlebnis war verblaßt, doch der Wohlgeruch blieb. Der Herr hatte mir einen Vorgeschmack dessen gegeben, was uns im Himmel erwartet. Preis und Ehre seinem Namen!

Kapitel 19

Ringst du um die Verlorenen?

Alexander Duff, jener kampferprobte Indienmissionar, kehrte am Ende seines Lebens nach Schottland zurück, um in der Heimat zu sterben. In großer Schwachheit stand er vor der Versammlung schottischer Presbyterianer und flehte um Missionare für Indien. Mitten in seiner Ansprache erlitt er einen Ohnmachtsanfall und mußte in einen anderen Raum getragen werden. Nachdem die Ärzte sich einige Zeit um ihn bemüht hatten, kam er wieder zum Bewußtsein. Doch sobald er merkte, wo er sich befand, bestand er darauf, zurückgebracht zu werden, um seine Ansprache zu vollenden. „Das kann Sie Ihr Leben kosten", warnten die Ärzte. „Auch wenn ich sterbe, werde ich es tun", lautete seine Antwort.

So führten sie den weißhaarigen Veteranen zurück in den Versammlungsraum. Ergriffen erhoben sich alle zu seiner Begrüßung. Dann setzten sie sich und ließen tief bewegt die Worte dieses auf dem Missionsfeld ergrauten Mannes auf sich wirken. „Ihr Väter und Mütter von Schottland", sagte er mit zitternder Stimme, „ist es wahr, daß ihr keine Söhne mehr habt, die einen Ruf nach Indien haben? Das Geld liegt auf der

Bank, um sie auszusenden, doch wo sind die Arbeiter, die aufs Erntefeld gehen? Wenn Königin Viktoria Freiwillige braucht für ihr indisches Heer, dann laßt ihr eure Söhne ohne weiteres ziehen und erhebt keine Einwände gegen das beschwerliche Klima. Doch wenn Jesus Freiwillige braucht, habt ihr keine Söhne mehr zu geben."

Dann wandte er sich an den Vorsitzenden der Versammlung und sagte: „Herr Vorsitzender, wenn es stimmt, daß Schottland keine Söhne mehr hat, die Christus in Indien dienen können, dann gehe ich selbst, und zwar morgen. Obwohl ich dort meine Gesundheit verloren habe und zum Sterben heimgekommen bin, kehre ich an die Ufer des Ganges zurück, um mein Leben dort als Zeuge Jesu hinzugeben, damit die Inder wissen, es gibt wenigstens einen Menschen in Schottland, der bereit ist, für sie zu sterben."

Warum handelte er so? Was bewegte Alexander Duff zu einem solchen Auftritt? War er senil und wußte nicht mehr, was er tat? Keineswegs! Die Liebe zu den Verlorenen war es, die ihn bewegte. Die Sorge um die Millionen unerlöster Seelen in Indien lag wie eine Riesenlast auf ihm, und die Liebe Christi drängte ihn.

Hier habt ihr das Ergebnis der Salbung durch den Heiligen Geist, den Beweis der Erfüllung mit dem Geist Gottes. Sobald jemand in dieser Weise Vollmacht von Gott empfängt, ist ihm die Errettung verlorener Menschen ein Herzensanliegen. Diese Liebe zu den Verlorenen ist der Gradmesser. Rühme dich nicht, den Geist Gottes zu haben, wenn dir diese Retterliebe fehlt.

Stellen wir uns doch die ehrliche Frage, meine Lieben: Fühlen wir uns verantwortlich für die Seelen der Unerretteten? Kennen wir diese leidenschaftliche Retterliebe aus eigenem Erleben? Kann der Heilige Geist uns in der Stille der Nacht wecken, damit wir Fürbitte einlegen für unerlöste Menschen? Weißt du ganz persönlich, was es bedeutet, um Seelen zu ringen? Wann hast du zuletzt im Gebet um kostbare Menschenseelen gekämpft, die noch nicht zu Jesus gefunden haben? Wenn du wirklich mit dem Heiligen Geist erfüllt bist, dann weißt du, wovon ich spreche.

Auch John Knox machte diese Erfahrung. Der Heilige Geist veranlaßte ihn zu dem Ausruf: „O Gott, gib mir Schottland, oder ich sterbe!" Der Heilige Geist bevollmächtigte auch John Wesley, so daß er schrieb: „Nichts anderes hast du zu tun, als Seelen zu retten." Er fühlte eine solche Last für die Verlorenen, daß Zehntausende wie ein Brand aus dem Feuer gerettet wurden. Später bevollmächtigte er Charles G. Finney in so mächtiger Weise, daß jeder, den er an jenem denkwürdigen Tag ansprach, gerettet wurde. Gott benutzte ihn als Werkzeug für eine gewaltige Erweckung, bei der ungezählte Menschen zum Herrn fanden.

D. L. Moody, voll glühender Retterliebe, rief unter der Salbung des Heiligen Geistes aus: „Die Welt muß noch erleben, was Gott durch einen einzigen Menschen bewirken kann, der sich ihm völlig ausgeliefert hat." Er stellte gleichsam einen Fuß auf Europa und den anderen auf Amerika, und erschütterte beide Kontinente für den Herrn.

Auch General Booth kämpfte um die Verlorenen. In den Slums von London, den Schlupfwinkeln des Lasters, suchte er Kontakt zu den schlimmsten Schurken des Viertels und führte sie zu Jesus.

Von John Smith weiß man, daß der Boden seines Zimmers oft mit Tränen benetzt war, die er im Gebet für Verlorene vergoß.

Edward Payson lag das Seelenheil unerretteter Menschen so sehr am Herzen, daß der Fußboden vor seinem Bett die Spuren seiner Knie trug.

Die gleiche Retterliebe bewegte William Bramwell, 36 Stunden in einer Sandgrube mit Gott zu ringen, ohne einen einzigen Bissen zu sich zu nehmen.

O, läge uns doch die Errettung verlorener Menschen ebenso auf dem Herzen! Durch alle Jahrhunderte hindurch waren bevollmächtigte Diener Gottes von einer glühenden Retterliebe erfüllt. Sie ist das Hauptkennzeichen geisterfüllter Menschen, das Siegel Gottes, an dem man auch uns erkennen sollte.

„Ihr werdet Kraft empfangen, wenn der Heilige Geist auf euch gekommen ist; und ihr werdet meine Zeugen sein" (Apostelgeschichte 1,8). Das sagte Jesus. Der Zweck der Ausrüstung mit dem Heiligen Geist ist also das Zeugnis vor der Welt, damit Menschen zum Herrn geführt werden. Wer wirklich geistgesalbt ist, wird zu einem Zeugen. Wohlgemerkt: zu einem Zeugen Jesu. Es geht nicht um eine bestimmte Glaubenslehre, nicht um unsere Erfahrung, nicht um eine bestimmte Segnung oder Gabe, sondern um eine Person: um den gekreuzigten Christus. Solange die Rettung Verlorener nicht unser Hauptanliegen ist, gibt es keinerlei Beweis dafür, daß wir geisterfüllte Menschen sind. Vier besondere Kennzeichen sind der Beweis für die Erfüllung mit dem Heiligen Geist, Zeichen, die nicht zu widerlegen und nicht nachzuahmen sind:

1. Sieg über die Sünde
2. Vollmacht im Dienst
3. Frucht des Geistes
4. Retterliebe

Es interessiert mich nicht, was du vielleicht außerdem noch empfangen hast — und wären es Visionen und

Offenbarungen. Sie sind nichts im Vergleich zu den angeführten vier Merkmalen. Vielleicht hast du die Gabe der Zungenrede empfangen. Doch wenn die erwähnte Grundausrüstung fehlt, wie kannst du dann behaupten, mit dem Heiligen Geist erfüllt zu sein? Ich preise den Herrn für jede Segnung, die er schenkt, doch möchte ich die Realität betont wissen, die grundlegenden Folgen der Geistessalbung, zu denen vor allem die Last für die Verlorenen gehört.

Laß dich zum Schluß noch einmal fragen: Hast du diese Last auf dem Herzen? Möchtest du, daß Menschen gerettet werden? Beurteilst du eine Gemeinde allein nach dem Maß ihrer Retterliebe? Oder sonnst du dich in irgendeinem großartigen Erlebnis, einer ekstatischen Erfahrung, statt dein Augenmerk auf die Rettung von Menschen zu richten?

Suche die Erfüllung mit dem Heiligen Geist nicht für dein persönliches Glück. Erbitte sie nicht, um dich mit einer aufregenden Erfahrung wichtig zu machen. Strebe vielmehr danach, in die Leiden Jesu hineingetauft zu werden. Bitte Gott, daß er dir Menschen aufs Herz legt, die verloren sind. Dann wirst du nie enttäuscht. Dann weißt du, ob du mit dem Heiligen Geist erfüllt bist oder nicht.

Laß meinen Rat nicht außer acht, sondern wag auch du den Weg nach Golgatha, um dein Leben der Rettung Verlorener zu weihen.